낭송

대학/중용

낭송 대학/중용

발행일 초판2쇄 2022년 7월 10일(壬寅年 丁未月 甲子日)
지은이 증자 · 자사 | **풀어읽은이** 김벼리 | **펴낸곳** 북드라망 | **펴낸이** 김현경 |
주소 서울시 종로구 사직로8길 24, 1221호(내수동, 경희궁의 아침 2단지)|
전화 02-739-9918 | **이메일** bookdramang@gmail.com

ISBN 979-11-86851-21-0 04140 979-11-86851-18-0(세트) | 이 도서의 국립중앙도서관 출판시도서목록(CIP)은 서지정보유통지원시스템 홈페이지(http://seoji.nl.go.kr)와 국가자료공동목록시스템(http://www.nl.go.kr/kolisnet)에서 이용하실 수 있습니다.(CIP제어번호: CIP2016005401) |

낭송
Q
시리즈

원문으로
읽는
디딤돌편
01

낭송
대학/중용

증자
자사
지음

김벼리
풀어
읽음

우응순
감수

티

▶낭송Q시리즈 원문으로 읽는 디딤돌편 『낭송 대학/중용』 사용설명서◀

1. '낭송Q'시리즈의 '낭송Q'는 '낭송의 달인 호모 큐라스'의 약자입니다. '큐라스'(curas)는 '케어'(care)의 어원인 라틴어로 배려, 보살핌, 관리, 집필, 치유 등의 뜻이 있습니다. '호모 큐라스'는 고전평론가 고미숙이 만든 조어로, 자기배려를 하는 사람, 즉 자신의 욕망과 호흡의 불균형을 조절하는 능력을 지닌 사람을 뜻하며, 낭송의 달인이 호모 큐라스인 까닭은 고전을 낭송함으로써 내 몸과 우주가 감응하게 하는 것이야말로 최고의 양생법이자, 자기배려이기 때문입니다(낭송의 인문학적 배경에 대해 더 궁금하신 분들은 고미숙의 『낭송의 달인 호모 큐라스』를 참고해 주십시오).

2. 낭송Q시리즈는 '낭송'을 위한 책입니다. 따라서 이 책은 꼭 소리 내어 읽어 주시고, 나아가 짧은 구절이라도 암송해 보실 때 더욱 빛을 발합니다. 머리와 입이 하나가 되어 책이 없어도 내 몸 안에서 소리가 흘러나오는 것, 그것이 바로 낭송입니다. 이를 위해 낭송Q시리즈의 책들은 모두 수십 개의 짧은 장들로 이루어져 있습니다. 암송에 도전해 볼 수 있는 분량들로 나누어 각 고전의 맛을 머리로, 몸으로 느낄 수 있도록 각 책의 '풀어 읽은이'들이 고심했습니다.

3. 최고의 양생법이자 새로운 독서법으로서의 '낭송'을 처음으로 세상에 알린 낭송Q시리즈의 시즌 1은 동청룡·남주작·서백호·북현무편으로 이루어져 있으며, 사계절의 기운을 담고 있는 것을 특징으로 합니다. 동청룡편에는 봄의 창조적인 기운, 남주작편에는 여름의 발산력과 화려함, 서백호편에는 가을의 결단력, 북현무편에는 지혜와 상상력을 키울 수 있는 고요함을 품고 있는 고전들이 속해 있습니다. 각 편의 서두에는 판소리계 소설을, 마무리에는 『동의보감』을 네 편으로 나누어 하나씩 넣었고, 그 사이에는 유교와 불교의 경전, 그리고 동아시아 최고의 명문장들을 배열했습니다.

▷ <u>동청룡</u>: 『낭송 춘향전』, 『낭송 논어/맹자』, 『낭송 아함경』, 『낭송 열자』, 『낭송 열하일기』, 『낭송 전습록』, 『낭송 동의보감 내경편』

▷ 남주작 : 『낭송 변강쇠가/적벽가』, 『낭송 금강경 외』, 『낭송 삼국지』, 『낭송 장자』, 『낭송 주자어류』, 『낭송 홍루몽』, 『낭송 동의보감 외형편』

▷ 서백호 : 『낭송 흥보전』, 『낭송 서유기』, 『낭송 선어록』, 『낭송 손자병법/오자병법』, 『낭송 이옥』, 『낭송 한비자』, 『낭송 동의보감 잡병편 (1)』

▷ 북현무 : 『낭송 토끼전/심청전』, 『낭송 도덕경/계사전』, 『낭송 대승기신론』, 『낭송 동의수세보원』, 『낭송 사기열전』, 『낭송 18세기 소품문』, 『낭송 동의보감 잡병편 (2)』

4. **새롭게 선보이는 낭송Q시리즈 시즌 2는** 고전과 몸 그리고 일상이 조화를 이루는 훈련으로서의 낭송에 초점을 맞춰, **샛별편과 원문으로 읽는 디딤돌편으로 구성했습니다.**

▷ 샛별편: 저녁 무렵 가장 먼저 하늘에 나타나며 다음날 새벽까지 가장 오래 하늘에 머물러 있는 샛별처럼, 전통시대의 초학자들이 제일 먼저 배우며 가장 오래도록 몸과 마음에 새겨놓았던 『천자문』, 『추구』, 『격몽요결』, 『명심보감』 등을 낭송합니다. 『낭송 천자문/추구』를 통해 동양고전의 가장 기본이 되는 한자와 문형을 입으로 익히며, 『낭송 명심보감』, 『낭송 격몽요결』을 통해 공부와 관계의 바탕을 낭송으로 체득합니다.

▷ 원문으로 읽는 디딤돌편: 동양사상의 기본 중의 기본, 고전 중의 고전을 한문 원문과 함께 낭송합니다. 『낭송 대학/중용』을 필두로 『낭송 주역』, 『낭송 논어』, 『낭송 맹자』 등이 나올 예정입니다. 몸으로 익힌 원문의 리듬이 디딤돌이 되어 동양고전과 자유자재로 접속할 수 있는 힘을 키워 줍니다. 원문으로 읽는 디딤돌편은 다양한 방법으로 활용할 수 있습니다. 풀어진 글, 원문을 따로 혹은 같이 낭송하실 수도 있고, 가족이나 친구 혹은 연인끼리 서로 파트를 나누어 풀어진 글과 원문을 낭송하실 수도 있습니다. 단언컨대, 낭송의 방법은 무궁무진합니다!

5. 원문으로 읽는 디딤돌편인 이 책 『낭송 대학/중용』은 주희(朱熹) 장구본(章句本) 전편(全篇)을 풀어 읽은이가 그 편제를 새롭게 하여 옮기고 엮었습니다.

차례

2부
3강령의 의미 30

3부
자신의 밝은 덕을 밝히는 길 39

4부
수신으로 천하를 다스리다 48

『중용』

1부
하늘이 만물에게 부여해 준 성(性) 76

2부
사람의 길—중용 81

3부
도의 작용 95

4부
공자에게 물었다 118

5부
하늘의 도와 인간이 가야 할 도 139

6부
하늘의 일은 소리도 없고 냄새도 없다 165

머리말

바로 지금 여기에서, 작은 일도 정성을 다해

1. 작은 일도 정성을 다해

"은밀한 곳보다 더 잘 보이는 곳은 없다. 작은 일보다 더 분명하게 나타나는 일은 없다."(『중용』 1장)

이 구절은 영화 〈사도〉思悼에 나오는 『중용』의 구절이다. 영화에서 영조는 아들인 사도세자를 위해 야밤에 책을 베껴 쓰고 있다. 밤 늦도록 아비인 영조가 아들인 사도세자를 위해 만들어 준 책, 그 책이 바로 『중용』이다. 이 부분은 영화적인 설정만은 아니다. 실제로 영조는 『대학』과 『중용』의 중요성을 말하며 영조대왕 어제御製를 지었다. 어제에서 영조는 "책은 책대로이고, 자신은 자신대로"라며 한탄스럽게 말한다. 책을 읽으면서 자신이 가지고 태어난 밝은 덕을 밝히려는 공부를 왜 스스로 하지 않느냐며 안타까워한다. 영조는 세자가 책에 비추어 자신을 되돌아보는 공부, "진실로 어느 날 새로워지면, 나날이 새롭게 하고, 또 날로 새롭게 되는"(『대학』) 공부를 『대학』과 『중용』에서 배우기를 원했다. 은밀한 곳보다 더 잘 보이는 곳이 없고, 작은 일보다 더 분명하게 나타나는 일은 없다는 『중용』의 구절을 보면서 자기 자신을 더 성찰하고 되돌아보기를, 그것이 얼마나 두려운 일인지 살펴보기를 바란 것이다.

『대학』과 『중용』은 세상에서 가장 은밀한 곳 그래서 남들이 알지 못하는 바로 그 마음자리에서 일어나는 작은 낌새조차도 살펴보기를 게을리하지 말라고 말하고 있다. 그 작은 낌새들은 어느새 나의 몸과 행동으로 드러나게 되니, 그 무엇보다도 크게 보이게 된다. 그러기에 자신이 잘하는 작은 부분에서부터 성실히 노력해 나가면 마음에 쌓인 것이 몸에 드러나고, 몸에 드러난 것을 나날이 노력하게 되면 몸과 하나가 되는 경지에 이르게 된다. 이런 사람의 성실함은 다른 사람을 움직여 새로운 존재로 변하게 만들 수 있다.

『대학』과 『중용』의 출발점은 확실하다. 그 출발점은 여기에 있는 '나 자신'이다. 집안을 화목하게 하는 출발점도 '나 자신'이고, 국가를 안정되게 만드는 것도 '나 자신'에서부터 시작한다. 『대학』과 『중용』은 지금 당장 주어진 여건에서 내 자신이 무엇을 할 수 있는지에 대해 생각한다. 또 모든 일은 일상을 살아가는 '나 자신'으로부터 확장되어 나아가는 일임을 알려준다. 『중용』 15장에서 "군자의 도道는 길을 가는 것과 같다. 먼 곳을 가려면 반드시 가까운 곳에서 출발해야 한다. 높은 곳에 오르려면 반드시 낮은 곳에서 출발해야 한다"고 말하는 것도 같은 맥락이다. 지금 여기를 소홀히 하고서 저 먼 곳을 갈 수도 없고, 나 자신을 소홀히 하고서 저 높은 곳을 향해 나아갈 수도 없다.

그래서 『대학』과 『중용』은 가족을 위해, 국가를 위해, 세계를 위해서 무엇을 하라고 강요하지 않는다. 또 인간 세상 바깥의 이상세계를 향해 나아가라고도 하지 않는다. 『대학』과 『중용』은 우리가 발 딛고 서 있는 일상의 도리를 저버리고서 인간이 할 수 있는 일은 없다는 것을 확실히 말해 준다. 지금 여기에서의 생활과 그 관계들을 매번 새롭게 맺어갈 수 있는 길을 제시해 준다.

2. 『낭송 대학/중용』을 읽는 법

『대학』은 짧지만 유학의 큰 틀이 담겨져 있는 책이고, 『중용』은 인간의 삶과 우주의 심오한 이치가 담겨 있는 책이다. 『대학』은 경經과 전傳으로 나뉜다. 경經은 공자의 말씀을 그 제자인 증자가 전한 부분이다. 『낭송 대학/중용』의 『대학』 1부는 경經에 해당하는 부분으로 『대학』의 큰 틀인 3강령과 8조목이 등장한다. 3강령은 하늘로부터 받은 밝은 덕을 밝히는 것이며, 백성을 새롭게 하는 것이며, 지극한 선에 머무르는 것이다. 이 3강령을 실현하기 위한 방법으로 8조목이 소개된다. 8

조목은 격물格物, 치지致知, 성의誠意, 정심正心, 수신修身, 제가修身, 치국治國, 평천하平天下를 말한다. 사물에 다가가서 그 사물의 이치를 연구하여(격물) 내가 이미 알고 있는 이치를 끝까지 확장해 나아가면(치지) 모든 사물의 원리 전체를 확 트이게 관통하는 지점에 이르게 된다. 이러한 지점에 이르게 되면 뜻이 성실해지고(성의), 마음이 한쪽으로 치우지지 않는(정심) 나 자신이 된다. 이제 나 자신으로부터 가족과 국가 천하를 안정시키는 데 최선을 다하는 경지로 나아가게 된다.

전傳이란 경經에 대한 해설서이다. 『낭송 대학/중용』의 『대학』 2부에서 4부까지가 이에 해당된다. 여기서는 3강령과 8조목에 대한 풀이가 이어진다. 2부는 3강령에 대한 풀이이고, 3부는 자기 자신의 몸과 마음을 닦아나가는 수기修己에 대한 내용, 4부는 다른 사람에게 나아가는 치인治人에 대한 이야기로 이어진다. 『대학』의 큰 틀이 바로 수기치인修己治人이다.

『낭송 대학/중용』의 『중용』 1부는 하늘이 만물에게 부여해 준 성性을 따라서 사는 이야기로 시작한다. 2부에서는 인간이 마땅히 행해야 할 중용의 삶이 무엇인지 알려준다. 3부에서는 광대하면서도 은미한 도道의 작용과 현상들이 펼쳐지고, 4부에서는 노나라 군주 애공과 공자가 나누는 대화가 등장한다. 이 대화에서 공자는 인간이 가야 할 성誠에 대해 이야기한다. 5부에서는 하늘의 도와 인간의 도에 대한 전반적인 모습을 보여 준다. 하늘은 사계절의 순환처럼 매 순간 변화하면서 운행한다. 매 순간마다 변화하면서도 한순간도 쉬지 않고 일정한 운행을 하는 하늘의 도道가 성誠이다. 『중용』에서는 인간도 하늘의 도道처럼 매 순간 새로운 존재로 변화하면서도 항상된 모습을 지키며 살아가야 하는 존재로 보고 있다. 마지막 6부에서는 2부에서부터 5부까지 수놓아져 있던 이야기 줄기들을 하나로 모았다.

이 책 『낭송 대학/중용』에는 『대학』과 『중용』의 전문을 실었다. 원문를 직역하기보다는 낭송하면서 그 원문의 의미를 알기 쉽게 주희朱熹의 주석을 참고하여서 의역하였다. 그리고 한글로 낭송하는 맛과 사뭇 다른 한문이 가진 독특한 맛을 살리기 위해 원문도 함께 실었다. 한문은 소리글자이자 뜻글자이다. 반드시 소리를 내어 읽어 보아야 뜻이 선명해진다. 한문은 소리를 내서 낭송해야만 하는 책이니, 진짜 몸공부라고 할 수 있다. 그래서 예전 서당에서는 크게 소리 높여 읽고 또 읽었다. 서당 개가 풍월을 읊었다는 말은 아마도 거짓이 아니었을 것이다.

3. 낭송, 최고의 수신(修身)

소리란 참 신기하다. 처음에는 한 글자, 한 글자에 얽매이다가도 어느 순간 구절 구절들이 한꺼번에 들어오고, 구절 구절들을 반복해서 낭송하다 보면, 어느 순간 문장이 한꺼번에 들어온다. 그리고 문장 전체가 내 몸 안으로 들어오는 경험을 하게 된다. 이 경험이 바로 『대학』에서 말하는 격물치지이다. 낭송은 우선 책과 만나야 한다. 그 책을 직접 대면해서 그 글자들을 소리내어 읽어가다 보면 그 소리가 가진 리듬들을 찾게 되니, 나의 리듬도 자연스럽게 만들어진다. 어렵게만 느껴지던 격물치지가 바로 우리들 가까이에 있었다. 낭송을 하면서 격물치지의 의미를 몸으로 느껴보기를 바란다.

지금 당장 어떻게 나 자신을 닦아나갈 것인가? 나를 닦는 일은 저 먼 곳에 있는 것이 아니라, 무작정 책 한 권 들고 낭송하는 데서 시작할 수 있다. 소리로 내 몸을 닦아나갈 수 있는 낭송이야말로 매번 새로워지는 나를 만날 수 있는 수신의 최고봉이라고 생각된다. 매일 매일 낭송을 통해 자기의 마음을 다하는 공부가 되었으면 좋겠다.

낭송은 공동작업이다. 이 책에는 낭송 작업에 참여했던 사람들의 조언들과 웃음들이 고스란히 들어가 있다. 내가 미

처 생각하지 못한 부분들, 의미가 분명치 않은 부분들을 알게 되었고, 낭송하기에 편한 리듬감도 알게 되었다. 이런 공동의 작업 덕분에 낭송이야말로 몸으로 부딪히는 쿵푸스라는 걸 알게 되어 무척 기쁘다.

남산강학원 '공부방'에서

벼리

옛날에 천하에 명덕을 밝히고자 하는 사람은
먼저 자신의 나라를 다스렸다.
자신의 나라를 다스리고자 하는 사람은 먼저
그 집안을 화목하게 했다.
그 집안을 화목하게 하고자 하는 사람은
먼저 자신의 몸을 닦는 데 힘썼다.
자신의 몸을 닦는 데 힘쓰는 사람은 먼저 그
마음을 바르게 했다.
그 마음을 바르게 하고자 하는 사람은 먼저
그 뜻을 진실되게 했다.
그 뜻을 진실되게 하고자 하는 사람은 먼저
자신의 앎을 끝까지 추구했다.
그 앎을 끝까지 추구하는 것은 사물의
이치를 깊이 연구하는 데 있다.

낭송
Q
시리즈

원문으로
읽는
디딤돌편

대학

大學

대학

1부

대인(大人)이 되는 길

1-1.
세 가지 핵심

대인大人이 되는 길[道]은 가지고 태어난 밝은 덕[明德]을 밝히는 데 있다.

백성을 새롭게 하는 데[新民]* 있으며, 지극한 선에 머무르는 데[止於至善] 있다.

大學之道, 在明明德, 在親民, 在止於至善.
대 학 지 도 재 명 명 덕 재 친 민 재 지 어 지 선

* 『대학』은 원래 『예기』의 한 편이었으나 송대 이후 독립된 저작으로 자리를 잡았다. 『예기』에 실린 『대학』에는 이 부분이 친민(親民)으로 되어 있으나, 주자는 신민(新民)으로 해석하였다.

1-2.
머무를 바를 안 후에야

머무를 바(지극한 선)를 안 후에야 마음에 일정한 방향이 정해진다. 일정한 방향이 정해진 후에야 마음이 망령되이 움직이지 않는다. 마음이 망령되이 움직이지 않은 후에야 편안히 머무를 수 있다. 편안히 머무른 후에야 생각이 깊어지고 세밀해진다. 생각이 깊어지고 세밀해진 후에야 그 머무를 바(지극한 선)를 얻을 수 있다.

知止而后有定, 定而后能靜, 靜而后能安, 安而后能慮,
지 지 이 후 유 정 정 이 후 능 정 정 이 후 능 안 안 이 후 능 려

慮而后能得.
려 이 후 능 득

1-3.
먼저 하고 나중에 할 바를 알면

사물에는 근본과 말단이 있고, 일에는 마무리와 시작이 있다.

먼저 하고 나중에 할 바를 알면 대인의 도에 가깝다.

物有本末, 事有終始, 知所先後, 則近道矣.
물 유 본 말 사 유 종 시 지 소 선 후 즉 근 도 의

1-4.
명덕明德을 밝히고자 하는 사람

옛날에 천하에 명덕을 밝히고자 하는 사람은 먼저 자신의 나라를 다스렸다.
자신의 나라를 다스리고자 하는 사람은 먼저 그 집안을 화목하게 했으며, 그 집안을 화목하게 하고자 하는 사람은 먼저 자신의 몸을 닦는 데 힘썼다.
자신의 몸을 닦는 데 힘쓰는 사람은 먼저 그 마음을 바르게 했으며, 그 마음을 바르게 하고자 하는 사람은 먼저 그 뜻을 진실되게 했다.
그 뜻을 진실되게 하고자 하는 사람은 먼저 자신의 앎을 끝까지 추구했으며, 그 앎을 끝까지 추구하는 것은 사물의 이치를 깊이 연구하는 데 있다.

古之欲明明德於天下者, 先治其國.
고 지 욕 명 명 덕 어 천 하 자 선 치 기 국

欲治其國者, 先齊其家. 欲齊其家者, 先修其身.
욕 치 기 국 자 선 제 기 가 욕 제 기 가 자 선 수 기 신

欲修其身者, 先正其心. 欲正其心者, 先誠其意.
욕 수 기 신 자 선 정 기 심 욕 정 기 심 자 선 성 기 의

欲誠其意者, 先致其知. 致知在格物.
욕 성 기 의 자 선 치 기 지 치 지 재 격 물

1-5.
8조목의 실현 과정

사물의 이치를 깊이 연구한 후에야 앎이 지극해진다.

앎이 지극해진 후에야 뜻이 성실해진다.

뜻이 성실해진 후에야 마음이 바르게 된다.

마음이 바르게 된 후에야 자신의 몸이 닦여진다.

자신의 몸이 닦여진 후에야 집안이 화목해진다.

집안이 화목해진 후에야 나라가 다스려진다.

나라가 다스려진 후에야 천하가 안정된다.

物格而后知至, 知至而后意誠, 意誠而后心正, 心正而后身修,
물 격 이 후 지 지 지 지 이 후 의 성 의 성 이 후 심 정 심 정 이 후 신 수

身修而后家齊, 家齊而后國治, 國治而后天下平.
신 수 이 후 가 제 가 제 이 후 국 치 국 치 이 후 천 하 평

1-6.
모두 수신修身을 근본으로 삼는다

천자부터 평범한 사람에 이르기까지, 모두 수신修身을 근본으로 삼는다.

수신을 이루지 못하고 집안과 국가와 천하를 편안하게 한 사람은 없다.

집안을 화목하게 하지 못하고, 국가와 천하를 잘 다스린 사람은 없다.

自天子以至於庶人, 壹是皆以修身爲本.
자 천 자 이 지 어 서 인 일 시 개 이 수 신 위 본

其本亂而末治者, 否矣. 其所厚者薄, 而其所薄者厚, 未之有也.
기 본 란 이 말 치 자 부 의 기 소 후 자 박 이 기 소 박 자 후 미 지 유 야

대학

2부

3강령의 의미

2-1.
스스로 밝은 덕을 밝힌다[明明德]

『서경』「강고」에서 말했다.

"능히 덕을 밝혀라"

『서경』「태갑」에서 말했다.

"하늘의 밝은 명을 지켜보라."

『서경』「제전」에서 말했다.

"능히 큰 덕을 밝혀라"

모두 스스로 자신의 밝은 덕을 밝힌다는 뜻이다.

康誥曰 "克明德". 太甲曰 "顧諟天之明命".
강 고 왈 극 명 덕 태 갑 왈 고 시 천 지 명 명

帝典曰 "克明峻德". 皆自明也.
제 전 왈 극 명 준 덕 개 자 명 야

2-2.
백성을 새롭게 한다[新民]

은나라를 세운 탕湯임금은 그릇에 이렇게 새겼다.

"진실로 어느 날 새로워지면, 나날이 새롭게 하고, 또 날로 새롭게 하라."

『서경』「강고」에서 말했다.

"새로워지는 백성을 격려하라."

『시경』「문왕」에서 노래했다.

"주는 비록 오래된 나라이나, 새로운 천명을 받았다."

그러므로 군자는 자신과 백성을 지극한 선으로 이끄는 것이다.

湯之盤銘曰 "苟日新, 日日新, 又日新". 康誥曰 "作新民".
탕 지 반 명 왈 구 일 신 일 일 신 우 일 신 강 고 왈 작 신 민

詩曰 "周雖舊邦, 其命維新". 是故君子無所不用其極.
시 왈 주 수 구 방 기 명 유 신 시 고 군 자 무 소 불 용 기 극

2-3.
새도 머무를 곳을 아는데[止於至善 ①]

『시경』「현조」에서 노래했다.

"나라 사방 천리 땅에 백성이 머물러 살고 있구나."

『시경』「면만」에서 노래했다.

"꾀꼴꾀꼴 꾀꼬리 울창한 산기슭에 앉아 있구나."

이 시를 읽고 공자가 말했다.

"새도 머무를 곳을 아는데, 사람이 새만도 못해서야 되겠는가!"

詩云 "邦畿千里, 惟民所止".
시 운 방 기 천 리 유 민 소 지

詩云 "緡蠻黃鳥, 止于丘隅".
시 운 면 만 황 조 지 우 구 우

子曰 "於止, 知其所止. 可以人而不如鳥乎!"
자 왈 어 지 지 기 소 지 가 이 인 이 불 여 조 호

2-4.
문왕의 지극한 선[止於至善 ②]

『시경』「문왕」에서 노래했다.

"생각이 깊으신 문왕이시여,

아아, 이어서 밝히셨고, 편안히 머무르셨다!"

임금이 되어서는 인仁에 마음을 두었고, 신하가 되어서는 공경함[敬]에 마음을 두었다. 아들의 자리에서는 효孝에 마음을 두었고, 아버지가 되어서는 인자함[慈]에 마음을 두었다. 나라 사람들과 사귈 때는 신의[信]에 마음을 두었다.

詩云 "穆穆文王, 於, 緝熙敬止!"
시 운 목 목 문 왕 오 즙 희 경 지

爲人君止於仁, 爲人臣止於敬, 爲人子止於孝, 爲人父止於慈,
위 인 군 지 어 인 위 인 신 지 어 경 위 인 자 지 어 효 위 인 부 지 어 자

與國人交止於信.
여 국 인 교 지 어 신

2-5.
절차탁마[止於至善 ③]

『시경』 위풍「기욱」에서 노래했다.

"저 기수 강가 굽어진 곳 바라보니,

푸른 대나무 숲 무성하구나.

빛나는 군자여,

잘라 놓은 듯하고, 다듬어 놓은 듯하며, 쪼아 놓은 듯하고, 갈아 놓은 듯하구나.

엄밀하고 굳세며, 빛나고 점잖구나,

빛나는 군자여! 내내 잊지를 못하겠구나!"

"잘라 놓은 듯하고, 다듬어 놓은 듯"하다는 것은 배움[學問]을 말한 것이요,

"쪼아 놓은 듯하고, 갈아 놓은 듯"하다는 것은 스스로 몸을 닦는 것[自修]이다.

"엄밀하고 굳세다"는 마음으로 조심하는 것이요,

"빛나고 점잖구나"는 위엄이 있는 모습이다.

"빛나는 군자를 내내 잊지 못한다"는 성대한 덕과 지극한 선을 백성들이 오래도록 잊지 않는 것이다.

詩云 "瞻彼淇澳, 菉竹猗猗. 有斐君子, 如切如磋, 如琢如磨.
시 운 첨피기욱 녹죽의의 유비군자 여절여차 여탁여마

瑟兮僩兮, 赫兮喧兮, 有斐君子, 終不可諠兮".
슬혜한혜 혁혜훤혜 유비군자 종불가훤혜

如切如磋者, 道學也 ; 如琢如磨者, 自修也 ;
여절여차자 도학야 여탁여마자 자수야

瑟兮僩兮者, 恂慄也 ; 赫兮喧兮者, 威儀也 ;
슬혜한혜자 준율야 혁혜훤혜자 위의야

有斐君子, 終不可諠兮者, 道盛德至善, 民之不能忘也.
유비군자 종불가훤혜자 도성덕지선 민지불능망야

2-6.
문왕과 무왕을 잊을 수 없는 마음

[止於至善 ④]

『시경』에서 노래했다.

"아아! 위대한 문왕과 무왕을 잊을 수 없구나!"

후대의 군자들은 훌륭했던 그분들을 기리고, 그분들이 전해 주신 나라를 보존한다. 후대의 백성들은 그분들이 편안히 살게 해주신 것을 고마워하고, 이롭게 해주신 것을 좋아한다. 이 때문에 그 분들이 세상에 계시지 않아도, 여전히 잊지 못한다.

詩云 "於戱, 前王不忘".
시 운 오 호 전 왕 불 망

君子賢其賢而親其親, 小人樂其樂而利其利. 此以沒世不忘也.
군 자 현 기 현 이 친 기 친 소 인 락 기 락 이 리 기 리 차 이 몰 세 불 망 야

2-7.
근본인 명덕을 밝혀 백성을 새롭게 한다

공자가 말했다.

"재판을 하는 것은 나도 다른 사람처럼 한다.

그러나 그보다는 반드시 재판이 일어나지 않게 노력한다."

나의 명덕을 밝혀 백성들의 믿음을 얻으면, 근거 없이 재판을 일삼는 자들은 사라질 것이다.

이것은 근본인 명덕을 밝혀서 백성을 새롭게 하는 것이다.

子曰 "聽訟, 吾猶人也. 必也使無訟乎!" 無情者, 不得盡其辭.
자 왈 청 송 오 유 인 야 필 야 사 무 송 호 무 정 자 부 득 진 기 사

大畏民志. 此謂知本.
대 외 민 지 차 위 지 본

대학

3부

자신의 밝은 덕을 밝히는 길

3-1.
앎을 지극히 하는 것은 사물의 이치를 궁구함에 있다*

앎을 지극히 하는 것[致知]이 사물의 이치를 궁구함[格物]에 있다고 하는 것은, 나의 앎을 지극히 하고자 한다면 사물에 나아가 그 이치를 궁구해야 한다는 것이다.

사람의 마음은 신묘해서 알지 못하는 일이 없고, 천하의 사물에는 이치가 들어 있지 않음이 없다. 다만, 그 이치를 밝히지 못한 것이 있기 때문에, 사람의 앎이 완전하지 못한 것이다.

그러므로 태학에서 처음 가르칠 때에 반드시 배우는 사람들로 하여금 천하의 사물에 나아가서, 이미 알고 있는 이치를 바탕으로 더욱 궁구하게 하여, 그 지극한 경지에 이르게 해야 한다.

오랜 시간 노력하면, 어느 날 이치가 확 트여 관통하게 되니, 만

* 『예기』에 실린 『대학』에는 격물과 치지에 관한 부분이 빠져 있으나, 격물, 치지, 성의, 정심, 수신, 제가, 치국, 평천하라는 8조목을 완성하기 위해 주희가 격물과 치지 부분을 채워 넣었다.

물의 겉과 안, 세밀하고 거친 것에 이르지 않음이 없게 된다. 각자의 마음 전체와 그 커다란 쓰임이 모두 밝아지게 되니, 이것을 '사물의 이치가 궁구되었다'라고 하며, 이것을 '앎이 지극해졌다'라고 한다.

所謂致知, 在格物者, 言欲致吾之知, 在卽物而窮其理也.
소 위 치 지 재 격 물 자 언 욕 치 오 지 지 재 즉 물 이 궁 기 리 야

蓋人心之靈, 莫不有知, 而天下之物, 莫不有理, 惟於理有未窮,
개 인 심 지 령 막 불 유 지 이 천 하 지 물 막 불 유 리 유 어 리 유 미 궁

故其知有不盡也.
고 기 지 유 부 진 야

是以大學始教, 必使學者, 卽凡天下之物,
시 이 대 학 시 교 필 사 학 자 즉 범 천 하 지 물

莫不因其已知之理而益窮之, 以求至乎其極,
막 불 인 기 이 지 지 리 이 익 궁 지 이 구 지 호 기 극

至於用力之久而一旦, 豁然貫通焉則衆物之表裏精粗,
지 어 용 력 지 구 이 일 단 활 연 관 통 언 즉 중 물 지 표 리 정 조

無不到而吾心之全體大用, 無不明矣.
무 부 도 이 오 심 지 전 체 대 용 무 불 명 의

此謂物格, 此謂知之至也.
차 위 물 격 차 위 지 지 지 야

3-2.
스스로를 속이지 않는다[誠意 ①]

뜻을 성실하게 한다는 것은 스스로를 속이지 않는 것이다. 악을 미워하기를 악취를 싫어하듯 하고, 선을 좋아하기를 미인을 좋아하듯 해야 한다. 이것이 스스로 만족하는 삶이니 군자는 반드시 자신의 내면을 성찰한다.

所謂誠其意者, 毋自欺也. 如惡惡臭, 如好好色, 此之謂自謙.
소위성기의자 무자기야 여오악취 여호호색 차지위자겸

故君子 必愼其獨也.
고군자필신기독야

3-3.
간과 폐를 뚫어 보듯 하니[誠意 ②]

소인은 혼자 있을 때, 악행을 일삼다가 군자를 보고서 시치미를 떼고 착한 척을 한다.

그러나 다른 사람이 그를 보기를 간과 폐를 뚫어 보듯 하니, 무슨 소용이 있겠는가!

마음이 진실하면 행동으로 드러나니, 군자는 그 내면을 성찰해야 한다.

증자가 말했다.

"주위에서 많은 사람이 바라보고, 많은 사람이 가리키니 참으로 두렵구나."

小人閒居爲不善, 無所不至.
소 인 한 거 위 불 선 무 소 부 지

見君子而后厭然揜其不善, 而著其善.
견 군 자 이 후 암 연 엄 기 불 선 이 저 기 선

人之視己, 如見其肺肝, 然則何益矣?
인 지 시 기 여 견 기 폐 간 연 즉 하 익 의

此謂誠於中, 形於外, 故君子必愼其獨也.
차 위 성 어 중 형 어 외 고 군 자 필 신 기 독 야

曾子曰 "十目所視, 十手所指, 其嚴乎".
증 자 왈 십 목 소 시 십 수 소 지 기 엄 호

3-4.
덕은 몸을 윤택하게 한다[誠意 ③]

부는 집안을 윤택하게 하고 덕은 몸을 윤택하게 하니, 마음이 넓어지면 몸도 편안히 펴진다.

그러므로 군자는 반드시 그 뜻을 성실하게 한다.

富潤屋, 德潤身, 心廣體胖, 故君子必誠其意.
부 윤 옥 덕 윤 신 심 광 체 반 고 군 자 필 성 기 의

3-5.
수신, 마음을 바르게 하는 것[正心修身]

몸을 닦는 것은 그 마음을 바르게 함에 달려 있다.
노여움이 있으면 마음을 바르게 할 수 없고, 두려움이 있으면 마음을 바르게 할 수 없고, 편애가 있으면 마음을 바르게 할 수 없고, 우환이 있으면 마음을 바르게 할 수 없다.
마음이 대상에 가 있지 않으면, 보아도 보이지 않고, 들어도 들리지 않고, 음식을 먹어도 그 맛을 알지 못한다.
몸을 닦음은 마음을 바르게 하는 데 달려 있다.

所謂修身在正其心者, 身有所忿懥, 則不得其正;
소 위 수 신 재 정 기 심 자 신 유 소 분 치 즉 부 득 기 정

有所恐懼, 則不得其正; 有所好樂, 則不得其正;
유 소 공 구 즉 부 득 기 정 유 소 호 요 즉 부 득 기 정

有所憂患, 則不得其正.
유 소 우 환 즉 부 득 기 정

心不在焉, 視而不見, 聽而不聞, 食而不知其味.
심 부 재 언 시 이 불 견 청 이 불 문 식 이 부 지 기 미

此謂修身在正其心.
차 위 수 신 재 정 기 심

대학

4부

수신으로 천하를 다스리다

4-1. 몸을 닦아야 집안이 화목하다[修身齊家]

집안을 화목하게 하는 것은 수신에 달려 있다.

사람은 친애하는 것에 치우치고, 미워하는 것에 치우친다.

상대방을 공경하면 무조건 따르고, 불쌍한 사람은 무조건 동정한다.

오만하고 게으른 사람을 지나치게 미워한다.

좋아하면서도 그의 나쁜 점을 알고, 미워하면서도 그의 좋은 점을 아는 사람은 천하에 매우 드물다.

그러므로 속담에 이런 말이 있다.

"사람이 자기 자식의 나쁜 점을 알지 못하고, 자기 밭에 있는 곡식이 쑥쑥 크고 있다는 것을 알지 못한다."

몸을 닦지 않으면, 집안을 화목하게 할 수 없다.

所謂齊其家在修其身者, 人之其所親愛而辟焉,
소 위 제 기 가 재 수 기 신 자 인 지 기 소 친 애 이 벽 언

之其所賤惡而辟焉, 之其所畏敬而辟焉, 之其所哀矜而辟焉,
지 기 소 천 오 이 벽 언 지 기 소 외 경 이 벽 언 지 기 소 애 긍 이 벽 언

之其所敖惰而辟焉, 故好而知其惡, 惡而知其美者, 天下鮮矣.
지 기 소 오 타 이 벽 언 고 호 이 지 기 악 오 이 지 기 미 자 천 하 선 의

故諺有之曰 "人莫知其子之惡, 莫知其苗之碩."
고 언 유 지 왈 인 막 지 기 자 지 악 막 지 기 묘 지 석

此謂身不修不可以齊其家.
차 위 신 불 수 불 가 이 제 기 가

4-2.
먼저 자신의 집안을 화목하게 하라
[齊家治國 ①]

나라를 잘 다스리려면 반드시 먼저 자신의 집안을 화목하게 해야 한다.

자신의 집안 사람을 제대로 가르치지 못하면서, 다른 사람을 가르칠 수 있는 사람은 없다. 그러므로 군자는 집안을 나가지 않고서도 한 나라의 백성들을 교화시킬 수 있다.

부모를 섬기는 효로 임금을 섬기고, 집안의 어른을 공경하는 마음으로 연장자를 섬긴다. 집안의 어린아이를 사랑하는 마음으로 백성을 대한다.

『서경』「강고」에 이르기를 "어린아이를 보살피듯 하라"라고 하였다.

마음에서 진실로 구한다면, 비록 딱 맞지는 않더라도 크게 문제되지 않는다. 아이 키우는 법을 배우고서 시집가는 사람은 없다.

所謂治國必先齊其家者, 其家不可教, 而能教人者, 無之.
소 위 치 국 필 선 제 기 가 자 기 가 불 가 교 이 능 교 인 자 무 지

故君子不出家, 而成教於國. 孝者, 所以事君也 ;
고 군 자 불 출 가 이 성 교 어 국 효 자 소 이 사 군 야

弟者, 所以事長也 ; 慈者, 所以使衆也.
제 자 소 이 사 장 야 자 자 소 이 사 중 야

康誥曰 "如保赤子". 心誠求之, 雖不中, 不遠矣.
강 고 왈 여 보 적 자 심 성 구 지 수 부 중 불 원 의

未有學養子而后嫁者也!
미 유 학 양 자 이 후 가 자 야

4-3.
백성을 대하는 법 [齊家治國 ②]

한 집안이 어질면, 나라 전체에서 인이 흥기한다.

한 집안에서 서로 겸양하면, 나라 전체에 겸양하는 기운이 일어나고, 군주 한 사람이 탐욕을 부리면 나라 전체에 난이 일어난다. 그 관계가 이와 같다. 이것을 일러 말 한마디에 일이 어긋나기도 하고, 한 사람이 나라를 안정시킨다고도 하는 것이다.

요와 순 같은 성군이 천하를 어짊으로 이끌자 백성들도 따라서 어질어졌다. 걸과 주 같은 폭군이 천하를 난폭함으로 다스리자 백성들도 따라서 난폭해졌다.

백성들에게 내리는 명령이 군주가 좋아하는 것과 상반되면 백성들은 그 명령을 따르지 않는다.

군자는 몸소 선을 실천한 후에야 다른 사람에게 따르기를 구하고, 자신에게 악함이 없은 후에야 다른 사람의 악함을 비난한다.

몸을 닦지 않고 다른 사람을 이끌 수 있는 사람은 있지 않다. 나라를 잘 다스리려면 우선 자신의 집안을 화목하게 해야 한다.

一家仁, 一國興仁 ; 一家讓, 一國興讓 ; 一人貪戾, 一國作亂.
일 가 인 일 국 흥 인 일 가 양 일 국 흥 양 일 인 탐 려 일 국 작 란

其機如此. 此謂一言僨事, 一人定國.
기 기 여 차 차 위 일 언 분 사 일 인 정 국

堯舜帥天下以仁, 而民從之. 桀紂帥天下以暴, 而民從之.
요 순 솔 천 하 이 인 이 민 종 지 걸 주 솔 천 하 이 폭 이 민 종 지

其所令反其所好, 而民不從. 是故君子有諸己而後求諸人,
기 소 령 반 기 소 호 이 민 부 종 시 고 군 자 유 저 기 이 후 구 저 인

無諸己而後非諸人. 所藏乎身不恕, 而能喩諸人者, 未之有也.
무 저 기 이 후 비 저 인 소 장 호 신 불 서 이 능 유 저 인 자 미 지 유 야

故治國在齊其家.
고 치 국 재 제 기 가

4-4.
집안이 화목해야 나라가 다스려진다
[齊家治國 ③]

『시경』「도요」에서 노래하였다.

“아름다운 복숭아꽃

나뭇잎이 무성하구나.

저 아가씨 시집가니,

그 집안을 화목하게 하리라.”

집안 식구들을 화목하게 한 후에, 백성들을 교화시킬 수 있다.

『시경』에서 노래하였다.

“형과 동생이 화목하구나.”

형과 동생이 화목한 후에야 백성들을 교화시킬 수 있다.

『시경』에서 노래하였다.

“예의가 어긋나지 않아 사방의 나라들을 바로잡았다.”

부모와 자식, 형과 동생에게 모범이 된 후에야 백성들이 그를 본받는다.

이를 일러 나라를 잘 다스리려면 먼저 자신의 집안을 화목하게 해야 한다는 것이다.

詩云 "桃之夭夭, 其葉蓁蓁, 之子于歸, 宜其家人".
시 운 도 지 요 요 기 엽 진 진 지 자 우 귀 의 기 가 인

宜其家人而后, 可以敎國人.
의 기 가 인 이 후 가 이 교 국 인

詩云 "宜兄宜弟". 宜兄宜弟而后, 可以敎國人.
시 운 의 형 의 제 의 형 의 제 이 후 가 이 교 국 인

詩云 "其儀不忒. 正是四國".
시 운 기 의 불 특 정 시 사 국

其爲父子兄弟足法, 而后民法之也.
기 위 부 자 형 제 족 법 이 후 민 법 지 야

此謂治國在齊其家.
차 위 치 국 재 제 기 가

4-5.
혈구지도[治國平天下 ①]

천하를 안정시키는 것은 그 나라를 다스리는 데 달려 있다.
윗자리에 있는 사람이 나이 든 사람을 대우하면, 백성들이 따라서 효를 행한다.
윗자리에 있는 사람이 연장자를 공경하면, 백성들이 따라서 연장자를 공경한다.
윗자리에 있는 사람이 어려운 사람들을 도우면, 백성들이 배반하지 않는다.
군자에게는 '자신의 마음으로 다른 사람을 헤아려 보는 도'[絜矩之道]가 있다.

所謂平天下在治其國者, 上老老而民興孝, 上長長而民興弟,
소 위 평 천 하 재 치 기 국 자 상 로 로 이 민 흥 효 상 장 장 이 민 흥 제

上恤孤而民不倍, 是以君子有絜矩之道也.
상 휼 고 이 민 불 패 시 이 군 자 유 혈 구 지 도 야

4-6.
혈구지도의 방법[治國平天下 ②]

자신이 아랫사람일 때 윗사람에게서 싫었던 것으로써 아랫사람을 부리지 말며, 아랫사람에게서 싫었던 것으로써 윗사람을 섬기지 말아야 한다.
앞사람에게서 싫었던 것으로써 뒷사람을 부리지 말며, 뒷사람에게서 싫었던 것으로써 앞사람을 따르지 말아야 한다.
오른쪽 사람에게서 싫었던 것으로써 왼쪽 사람과 사귀지 말며, 왼쪽 사람에게서 싫었던 것으로써 오른쪽 사람과 사귀지 말아야 한다.
이것이 '자신의 마음으로 다른 사람을 헤아려 보는 혈구지도'이다.

所惡於上, 毋以使下 ; 所惡於下, 毋以事上 ;
소 오 어 상 무 이 사 하 소 오 어 하 무 이 사 상

所惡於前, 毋以先後 ; 所惡於後, 毋以從前 ;
소 오 어 전 무 이 선 후　소 오 어 후 무 이 종 전

所惡於右, 毋以交於左 ; 所惡於左, 毋以交於右.
소 오 어 우 무 이 교 어 좌　소 오 어 좌 무 이 교 어 우

此之謂絜矩之道.
차 지 위 혈 구 지 도

4-7.
군자는 백성의 부모다[治國平天下 ③]

『시경』에서 노래했다.

"즐거우신 군자여

백성의 부모로구나."

백성이 좋아하는 것을 군자도 좋아하고,

백성이 싫어하는 것을 군자도 싫어한다.

이를 일러 군자를 백성의 부모라고 하는 것이다.

詩云 "樂只君子, 民之父母".
시 운 낙 지 군 자 민 지 부 모

民之所好好之, 民之所惡惡之, 此之謂民之父母.
민 지 소 호 호 지 민 지 소 오 오 지 차 지 위 민 지 부 모

4-8.
천하에서 큰 치욕을 받는다[治國平天下 ④]

『시경』에서 노래했다.

"깎아지른 듯 높은 남산이여!

바위가 겹겹이 험하구나.

명성을 떨친 태사 윤씨여!

백성들이 모두 그를 우러러본다."

국가를 다스리는 자는 삼가지 않을 수 없으니,

한쪽으로 치우치면 천하에서 큰 치욕을 받게 된다.

詩云"節彼南山, 維石巖巖, 赫赫師尹, 民具爾瞻".
시 운 절피남산 유석암암 혁혁사윤 민구이첨

有國者不可以不愼, 辟則爲天下僇矣.
유국자불가이불신 벽즉위천하육의

4-9.
민심을 얻으려면[治國平天下 ⑤]

『시경』에서 노래하였다.

"은나라가 민심을 잃기 전에는

천명을 받아 상제를 받들었다.

은나라를 거울로 삼아라.

천명을 보존하기는 쉽지 않다."

민심을 얻으면 나라를 얻고, 민심을 잃으면 나라를 잃는다.

이런 이유로 군자는 먼저 자신의 덕을 닦아야 한다. 덕이 있으면 백성이 따르고, 따르는 백성이 있으면 땅이 있고, 땅이 있으면 재물이 생긴다. 재물이 생기면 재물을 넉넉하게 쓸 수 있다.

詩云 "殷之未喪師, 克配上帝, 儀監于殷, 峻命不易".
시 운 은지미상사 극배상제 의감우은 준명불이

道得衆則得國, 失衆則失國.
도득중즉득국 실중즉실국

是故君子先愼乎德.
시 고 군 자 선 신 호 덕

有德此有人, 有人此有土, 有土此有財, 有財此有用.
유 덕 차 유 인 유 인 차 유 토 유 토 차 유 재 유 재 차 유 용

4-10.
덕은 근본이고 재물은 말단이다

[治國平天下 ⑥]

덕은 근본이고 재물은 말단이다.

근본인 덕을 도외시하고 말단인 재물을 추구하면 백성들에게 서로 쟁탈하는 것을 가르치는 것이다.

그러므로 국가를 다스리면서 재물을 모으면 백성은 흩어지고, 재물을 나눠주면 백성이 모인다.

도리에 어긋난 말을 하면 도리에 어긋난 말을 듣게 된다. 도리에 어긋난 재물이 들어오면 또한 도리에 어긋나게 나간다.

德者本也, 財者末也. 外本內末, 爭民施奪.
덕 자 본 야 재 자 말 야 외 본 내 말 쟁 민 시 탈

是故財聚則民散, 財散則民聚.
시 고 재 취 즉 민 산 재 산 즉 민 취

是故言悖而出者, 亦悖而入, 貨悖而入者, 亦悖而出.
시 고 언 패 이 출 자 역 패 이 입 화 패 이 입 자 역 패 이 출

4-11.
천명은 일정한 곳에 머무르지 않는다
[治國平天下 ⑦]

『서경』「강고」에서 말했다.

"천명은 일정한 곳에 머무르지 않는다."

천명은 선한 행동을 하면 얻게 되고,

악한 행동을 하면 잃게 된다.

『초서』에서 말했다.

"초나라에는 특별한 국보가 없다.

오직 선한 사람을 국보로 삼는다."

진晉문공의 외삼촌 구범이 말했다.

"망명 중인 사람은 보배로 삼을 만한 것이 없다.

오직 부모에게 효를 다하는 것을 보배로 삼아야 한다."

康誥曰 "惟命不于常!" 道善則得之, 不善則失之矣.
강 고 왈 유 명 불 우 상 도 선 즉 득 지 불 선 즉 실 지 의

楚書曰 "楚國無以爲寶, 惟善以爲寶".
초 서 왈 초 국 무 이 위 보 유 선 이 위 보

舅犯曰 "亡人無以爲寶, 仁親以爲寶".
구 범 왈 망 인 무 이 위 보 인 친 이 위 보

4-12.
진목공이 잘못을 뉘우치다[治國平天下 ⑧]

『서경』「진서」에서 진秦목공이 잘못을 뉘우치며 말했다.

"만일 특별한 재주는 없지만 진실한 마음을 가진 신하가 있다고 하자. 이런 신하는 능력이 있거나 현명한 사람을 보면 입으로만 칭찬하지 않고, 그들을 진실한 마음으로 받아들인다. 이런 신하가 우리 자손과 백성을 보존하고 국가를 이롭게 할 것이다.

다른 사람의 재능을 시기하고, 훌륭한 사람이 인정받지 못하게 막는 신하가 있다고 하자. 이렇게 다른 사람을 포용하지 못하는 신하는 나의 자손과 백성을 보존할 수 없으니, 국가도 위태롭게 할 것이다."

秦誓曰 "若有一个臣, 斷斷兮無他技,
진 서 왈 약 유 일 개 신 단 단 혜 무 타 기

其心休休焉其如有容焉. 人之有技, 若己有之 ;
기 심 휴 휴 언 기 여 유 용 언 인 지 유 기 약 기 유 지

人之彦聖, 其心好之. 不啻若自其口出, 寔能容之,
인 지 언 성 기 심 호 지 불 시 약 자 기 구 출 식 능 용 지

以能保我子孫黎民, 尙亦有利哉!
이 능 보 아 자 손 여 민 상 역 유 리 재

人之有技, 媢疾以惡之 ; 人之彦聖, 而違之俾不通.
인 지 유 기 모 질 이 오 지 인 지 언 성 이 위 지 비 불 통

寔不能容, 以不能保我子孫, 黎民亦日殆哉!"
식 불 능 용 이 불 능 보 아 자 손 여 민 역 왈 태 재

4-13.
오직 어진 사람만이 [治國平天下 ⑨]

오직 어진 사람만이 이런 신하를 먼 변방으로 추방하여, 국내에서 같이 살지 못하게 할 수 있다.
『논어』에서 말했다.
"오직 어진 사람만이 다른 사람을 사랑할 수 있고, 다른 사람을 미워할 수 있다."
현명한 사람을 보고도 등용하지 않고, 등용만 하고 신속히 일을 맡기지 않으면, 이것은 나라를 다스림에 태만한 것이다. 어질지 못한 사람을 보고도 물리치지 않고, 물리쳤더라도 먼 곳으로 쫓아내지 않으면, 나라를 다스리는 자의 잘못이다.
사람들이 싫어하는 것을 좋아하고, 사람들이 좋아하는 것을 싫어하는 것은 사람의 본성을 거스르는 것이다. 이런 사람은 재앙이 반드시 그 몸에 닥친다.
군자에게는 큰 원칙이 있다. 반드시 충실함과 신의로 군자의 지위를 얻는다. 수신이 부족하여 교만해지면 그 지위를 잃게 된다.

唯仁人放流之, 迸諸四夷, 不與同中國.
유 인 인 방 류 지 병 저 사 이 불 여 동 중 국

此謂唯仁人爲能愛人, 能惡人.
차 위 유 인 인 위 능 애 인 능 오 인

見賢而不能擧, 擧而不能先, 命也.
견 현 이 불 능 거 거 이 불 능 선 명 야

見不善而不能退, 退而不能遠, 過也.
견 불 선 이 불 능 퇴 퇴 이 불 능 원 과 야

好人之所惡, 惡人之所好, 是謂拂人之性, 菑必逮夫身.
호 인 지 소 오 오 인 지 소 호 시 위 불 인 지 성 재 필 체 부 신

是故君子有大道, 必忠信以得之, 驕泰以失之.
시 고 군 자 유 대 도 필 충 신 이 득 지 교 태 이 실 지

4-14.
재물을 생산하는 큰 원칙[治國平天下 ⑩]

재물을 생산하는 데는 큰 원칙이 있다.

생산하는 사람이 많고 소비하는 자가 적으며,

생산은 때에 맞게 하고, 소비는 신중히 해야 한다.

이러면 재물은 항상 풍족하게 된다.

어진 사람은 재물을 풀어서 민심을 얻는다.

어질지 못한 사람은 몸을 망쳐 가며 재물을 모은다.

生財有大道 生之者衆, 食之者寡,
생 재 유 대 도 생 지 자 중 식 지 자 과

爲之者疾, 用之者舒, 則財恒足矣.
위 지 자 질 용 지 자 서 즉 재 항 족 의

仁者以財發身, 不仁者以身發財.
인 자 이 재 발 신 불 인 자 이 신 발 재

4-15.
의로움을 이롭게 여겨야 한다[治國平天下 ⑪]

윗사람이 인을 좋아하는데 아랫사람이 의로움을 좋아하지 않는 경우는 없다.

아랫사람이 의로움을 좋아하는데 윗사람의 일이 잘 마무리되지 않은 적이 없다. 윗사람의 창고에 있는 재물은 참으로 그 자신의 소유가 된다.

노나라 대부 맹헌자가 말했다.

"수레를 타는 대부는 닭과 돼지까지 키울 생각을 하지 말아야 하니, 백성과 이익을 다퉈서는 안 된다.

제사 때 얼음을 쓰는 경대부는 소와 양까지 키우지 않아야 하니, 백성과 이익을 다퉈서는 안 된다.

식읍을 받는 경대부는 백성을 착취하는 신하를 두지 않는다. 백성을 착취하는 신하보다는 자기 집안의 재물을 훔치는 신하가 더 낫다."

이것은 나라를 다스리는 사람은 재물을 모으는 것을 이익으로 여기지 않고, 의로움을 이롭게 여겨야 한다는 것이다.

국가의 지도자가 되어 재물을 모으는 데만 힘쓰는 것은 소인배를 등용했기 때문이다. 소인배에게 국가를 다스리게 하면 반드시 재앙이 미친다. 이렇게 되면 비록 어진 사람이 있더라도 어찌할 수 없다.

이것은 나라를 다스리는 사람은 재물을 모으는 것을 이익으로 여기지 않고, 의로움을 이롭게 여겨야 한다는 것이다.

未有上好仁, 而下不好義者也；未有好義, 其事不終者也；
미유상호인 이하불호의자야 미유호의 기사부종자야

未有府庫財, 非其財者也.
미유부고재 비기재자야

孟獻子曰 "畜馬乘, 不察於雞豚；伐冰之家, 不畜牛羊,
맹헌자왈 흌마승 불찰어계돈 벌빙지가 불흌우양

百乘之家, 不畜聚斂之臣. 與其有聚斂之臣, 寧有盜臣."
백승지가 불흌취렴지신 여기유취렴지신 영유도신

此謂國不以利爲利, 以義爲利也. 長國家而務財用者,
차위국불이리위리 이의위리야 장국가이무재용자

必自小人矣. 彼爲善之, 小人之使爲國家, 菑害並至. 雖有善者,
필자소인의 피위선지 소인지사위국가 재해병지 수유선자

亦無如之何矣.
역무여지하의

此謂國不以利爲利, 以義爲利也.
차위국불이리위리 이의위리야

공자가 말했다.

"중용의 도가 행해지지 못하는 이유를

알겠다.

지혜로운 자는 하찮게 여겨 행하지 않고,

어리석은 자는 알지 못하여 행하지 못한다.

중용의 도가 밝혀지지 않는 이유를 알겠다.

능력 있는 자는

중용의 도를 더 이상 밝힐 게 없다고

생각하고,

부족한 사람은 제대로 알려고 애쓰지도

않는다.

사람은 누구나 매일 먹고 마시지만,

그 맛을 제대로 아는 사람은 드물다."

낭송
Q
시리즈

원문으로
읽는
디딤돌편

중용

中庸

중용

1부

하늘이 만물에게 부여해 준 성(性)

1-1.
하늘이 만물에게 부여해 준 것을 성이라 한다

하늘이 만물에게 부여해 준 것을 '성'性이라 한다.

하늘이 부여한 성을 따르는 것을 '도'道라고 한다.

도를 세상에 펴는 것을 '교'敎라고 한다.

天命之謂性, 率性之謂道, 修道之謂敎.
천명지위성 솔성지위도 수도지위교

1-2.
도는 잠시라도 떨어질 수 없다

도는 일상에서 항상 행하는 것이니, 잠시라도 떨어질 수 없다.
잠시라도 떨어질 수 있다면 성을 따르는 도가 아니다.
그러므로 군자는 다른 사람이 보지 않아도 신중히 행동한다.
다른 사람이 듣지 않아도 도에서 벗어날까 두려워한다.

道也者, 不可須臾離也. 可離, 非道也.
도 야 자 불 가 수 유 리 야 가 리 비 도 야

是故君子戒愼乎其所不睹, 恐懼乎其所不聞.
시 고 군 자 계 신 호 기 소 부 도 공 구 호 기 소 불 문

1-3.
은밀한 곳보다 더 잘 보이는 곳은 없다

은밀한 곳보다 더 잘 보이는 곳은 없다.

작은 일보다 더 분명하게 나타나는 일은 없다.

그러므로 군자는 다른 사람이 알지 못하는 자신의 내면을 성찰한다.

莫見乎隱, 莫顯乎微, 故君子愼其獨也.
막 현 호 은 막 현 호 미 고 군 자 신 기 독 야

1-4.
중中과 화和

희로애락喜怒哀樂이 마음에서 일어나지 않은 상태를 '중'中이라 한다.
희로애락이 일어나 모두 절도에 맞는 것을 '화'和라고 한다
중은 하늘이 명한 성性으로 천하의 큰 근본이다.
화는 성을 따르는 것으로 천하 모든 것에 두루 통하는 도이다.
'중'과 '화'의 덕을 최고의 경지에 이르게 하면 천지의 도가 제대로 운행되어 만물이 번성하게 된다.

喜怒哀樂之未發, 謂之中 ; 發而皆中節, 謂之和.
희 로 애 락 지 미 발 위 지 중 발 이 개 중 절 위 지 화

中也者, 天下之大本也 ; 和也者, 天下之達道也.
중 야 자 천 하 지 대 본 야 화 야 자 천 하 지 달 도 야

致中和, 天地位焉, 萬物育焉.
치 중 화 천 지 위 언 만 물 육 언

중용

2부

사람의 길 — 중용

2-1.
중용을 행하는 삶, 군자 vs 소인

공자가 말했다.

"군자는 중용을 행하고, 소인은 중용에 반대로 행동한다. 군자가 중용을 행한다는 것은 군자가 때에 맞게 생각하고 행동하는 것이다. 소인이 중용에 반대로 행한다는 것은 소인이 거리낌 없이 행동하는 것이다."

仲尼曰"君子中庸, 小人反中庸.
중 니 왈　군 자 중 용　소 인 반 중 용

君子之中庸也, 君子而時中;
군 자 지 중 용 야,　군 자 이 시 중

小人之反中庸也, 小人而無忌憚也".
소 인 지 반 중 용 야　소 인 이 무 기 탄 야

2-2.
중용—넘치지도 모자라지도 않는 것

공자가 말했다.

"지극하도다! 중용이여. 넘치지도 모자라지도 않구나.

백성들이 중용을 제대로 행하지 못한 지 오래되었구나."

子曰 "中庸其至矣乎! 民鮮能久矣!".
자 왈 중용기지의호 민선능구의

2-3.
그 맛을 제대로 아는 사람이 드물다

공자가 말했다.

"중용의 도가 행해지지 못하는 이유를 알겠다.

지혜로운 자는 하찮게 여겨 행하지 않고, 어리석은 자는 알지 못하여 행하지 못한다.

중용의 도가 밝혀지지 않는 이유를 알겠다.

능력 있는 자는 중용의 도를 더 이상 밝힐 게 없다고 생각하고, 부족한 사람은 제대로 알려고 애쓰지도 않는다."

사람은 누구나 매일 먹고 마시지만, 그 맛을 제대로 아는 사람은 드물다.

子曰 "道之不行也, 我知之矣, 知者過之, 愚者不及也;
자 왈 도지불행야 아지지의 지자과지 우자불급야

道之不明也, 我知之矣, 賢者過之, 不肖者不及也".
도 지 불 명 야 아 지 지 의 현 자 과 지 불 초 자 불 급 야

人莫不飮食也, 鮮能知味也.
인 막 불 음 식 야 선 능 지 미 야

2-4.
중용의 도를 알지 못하니

공자가 말했다.

"중용의 도를 알지 못하니, 행하지도 못하겠구나."

子曰 "道其不行矣夫!".
자 왈 도기불행의부

2-5.
순임금이 지혜로운 이유

공자가 말했다.

"순임금은 크게 지혜로운 분이셨다!

순임금은 다른 사람에게 물어보기를 좋아하셨고, 일상적인 말도 자세히 살피기를 좋아하셨다.

다른 사람의 나쁜 점은 일부러 드러내지 않고, 좋은 점은 드러내 칭찬하셨다.

좋은 일 중에서 최선을 택하여 백성을 다스리는 데 쓰셨다.

이 때문에 지혜로운 순임금이 되신 것이다."

子曰 "舜其大知也與! 舜好問而好察邇言, 隱惡而揚善,
자 왈 순 기 대 지 야 여 순 호 문 이 호 찰 이 언 은 악 이 양 선

執其兩端, 用其中於民, 其斯以爲舜乎!".
집 기 양 단 용 기 중 어 민 기 사 이 위 순 호

2-6.
'나는 지혜롭다'라고 말하지만

공자가 말했다.

"사람들이 모두 '나는 지혜롭다'라고 말하지만, 그물이나 함정에 몰아넣어도 피할 줄을 모른다.

사람들이 모두 '자신들이 지혜롭다'고 말하지만, 중용을 행하겠다고 하면서도 한 달도 지켜내지 못한다."

子曰 "人皆曰予知, 驅而納諸罟擭陷阱之中, 而莫之知辟也.
자 왈 인개왈여지 구이납저고확함정지중 이막지지피야

人皆曰予知, 擇乎中庸, 而不能期月守也".
인개왈여지 택호중용 이불능기월수야

2-7.
안회, 중용을 잘 행하다

공자가 말했다.

"안회는 대단하구나! 중용을 잘 행하고 있다.

하나라도 좋은 점을 얻으면, 마음에 새겨서 그것을 잃지 않는구나."

子曰 "回之爲人也, 擇乎中庸,
자 왈 회지위인야 택호중용

得一善, 則拳拳服膺而弗失之矣".
득일선 즉권권복응이불실지의

2-8.
서슬이 퍼런 칼날을 밟을 수도 있다

공자가 말했다.

"천하와 나라를 평안히 잘 다스릴 수 있다.

높은 벼슬을 사양할 수도 있다.

심지어 서슬이 퍼런 칼날을 밟을 수도 있다.

그러나 중용을 잘 행하기는 어렵다."

子曰 "天下國家可均也, 爵祿可辭也, 白刃可蹈也,
자 왈 천하국가가균야 작록가사야 백인가도야

中庸不可能也".
중용불가능야

2-9. 자로, 강함에 대하여 묻다

자로가 강함[强]에 대하여 물었다.

공자가 말했다.

"남방에서 행하는 강함인가? 북방에서 행하는 강함인가? 아니면 네가 생각하는 강함인가?

남방의 강함은 너그럽고 부드럽게 가르치고, 상대방이 무도하게 행동해도 보복하지 않는다.

군자는 이러한 남방의 강함을 추구한다.

항상 무기와 갑옷을 깔고 자면서 죽게 되더라도 후회하지 않는 것이 북방의 강함이다. 억세고 거친 사람들은 북방의 강함을 추구한다.

군자는 여러 사람과 어울리지만 휩쓸리지는 않으니, 이 얼마나 강한가, 꿋꿋함이여!

중용을 행하여 한쪽으로 기울어지지 않으니, 이 얼마나 강한가, 꿋꿋함이여!

잘 다스려진 나라에서 부귀를 누려도, 어려웠던 시절의 마음을 바꾸지 않으니, 이 얼마나 강한가, 꿋꿋함이여!

난세에 살면 죽을 때까지 지조를 바꾸지 않으니 , 이 얼마나 강한가, 꿋꿋함이여!"

子路問强.
자 로 문 강

子曰"南方之强與? 北方之强與? 抑而强與?
자 왈 남방지강여 북방지강여 억이강여

寬柔以敎, 不報無道, 南方之强也, 君子居之.
관 유 이 교 불 보 무 도 남 방 지 강 야 군 자 거 지

衽金革, 死而不厭, 北方之强也. 而强者居之.
임 금 혁 사 이 불 염 북 방 지 강 야 이 강 자 거 지

故君子和而不流, 强哉矯! 中立而不倚, 强哉矯!
고 군 자 화 이 불 류 강 재 교 중 립 이 불 의 강 재 교

國有道, 不變塞焉, 强哉矯! 國無道, 至死不變, 强哉矯!".
국 유 도 불 변 색 언 강 재 교 국 무 도 지 사 불 변 강 재 교

2-10.
중도에 그만두지 않는다

공자가 말했다.

"이상한 것만 찾아다니고, 괴이한 행동을 하는 사람을 후세에 칭송하기도 한다. 하지만 나는 그러한 행동을 하지 않겠다.

어떤 군자는 도를 따르며 살다가 중도에 그만두기도 한다. 나는 중도에 그만두는 일은 하지 않겠다.

어떤 군자는 중용에 맞추어 살기 때문에 어지러운 세상을 떠나 은둔의 삶을 선택한다. 알아주는 사람이 없더라도 자신의 선택을 후회하지 않는다. 이것은 오직 성인만이 할 수 있는 일이다."

子曰 "素隱行怪, 後世有述焉, 吾弗爲之矣.
자 왈 색은행괴 후세유술언 오불위지의

君子遵道而行, 半塗而廢, 吾弗能已矣.
군 자 준 도 이 행 반 도 이 폐 오 불 능 이 의

君子依乎中庸, 遯世不見知而不悔, 唯聖者能之".
군 자 의 호 중 용 둔 세 불 견 지 이 불 회 유 성 자 능 지

중용

3부

도의 작용

3-1.
군자의 도는 광대하면서도 은미하다

군자가 행하는 도는 광대하면서도 은미하다.

도의 작용이 광대하기 때문에, 보통의 어리석은 부부라도 아는 부분이 있다. 하지만 그 지극한 경지는 성인이라도 다 알 수 없다. 그래서 공자가 예를 물어보고, 관직의 제도를 물어보았다.

보통의 어리석은 부부도 군자의 도를 능히 행할 수 있다. 하지만 그 지극한 경지는 성인이라도 제대로 행할 수 없다. 그리하여 요순과 같은 성인도 백성을 널리 구제하지 못하는 것을 걱정하였다.

천지의 작용이 위대하지만 사람들은 만족하지 못하는 것이 있다. 추위와 더위의 폐해와 재앙이 일어나기 때문이다.

군자의 도는 큰 것으로 말하면 천하로도 다 실을 수 없을 만큼 광대하다. 작은 것으로 말하면 이 세상의 그 무엇으로도 쪼개지 못할 정도로 미세하다.

『시경』에서 노래했다.

"솔개는 날아 하늘에 이르고,

물고기는 연못에서 뛰어 오르네."

이는 광대한 도의 작용이 하늘과 땅에 드러남을 말한 것이다.

군자의 도는 부부의 일상에서 그 실마리가 시작되지만

그 지극함에 이르러서는 하늘과 땅에 분명히 드러난다.

君子之道, 費而隱.
군 자 지 도 비 이 은

夫婦之愚, 可以與知焉, 及其至也, 雖聖人亦有所不知焉 ;
부 부 지 우 가 이 여 지 언 급 기 지 야 수 성 인 역 유 소 부 지 언

夫婦之不肖, 可以能行焉, 及其至也, 雖聖人亦有所不能焉.
부 부 지 불 초 가 이 능 행 언 급 기 지 야 수 성 인 역 유 소 불 능 언

天地之大也, 人猶有所憾.
천 지 지 대 야 인 유 유 소 감

故君子語大, 天下莫能載焉 ; 語小, 天下莫能破焉.
고 군 자 어 대 천 하 막 능 재 언 어 소 천 하 막 능 파 언

詩云 "鳶飛戾天, 魚躍于淵". 言其上下察也.
시 운 연 비 여 천 어 약 우 연 언 기 상 하 찰 야

君子之道, 造端乎夫婦, 及其至也, 察乎天地.
군 자 지 도 조 단 호 부 부 급 기 지 야 찰 호 천 지

3-2.
도는 사람에게서 멀리 있지 않다

공자가 말했다.

"도는 사람에게서 멀리 있지 않다.

사람이 도를 행한다고 하면서 사람의 도리를 멀리하기도 한다.

이것은 도라고 할 수 없다.

『시경』 '빈풍' 「벌가」에서 노래했다.

'도끼자루를 만들 나무를 베네.

도끼자루를 만들 나무를 베네.

그 기준인 도끼자루를 손에 쥐고 있네.'

도끼자루를 잡고 도끼자루를 만들 나무를 베면서도

도끼자루의 기준이 멀리 있다고 생각한다.

군자는 그 사람의 몸에 있는 도로써 그 사람을 다스린다.

그 사람이 잘못된 점을 고치면, 즉시 그만둔다."

子曰 "道不遠人. 人之爲道而遠人. 不可以爲道.
자 왈 도불원인 인지위도이원인 불가이위도

詩云 '伐柯伐柯, 其則不遠'.
시 운 벌가벌가 기칙불원

執柯以伐柯, 睨而視之. 猶以爲遠.
집가이벌가 예이시지 유이위원

故君子以人治人, 改而止".
고군자이인치인 개이지

3-3.
충서는 도와의 거리가 멀지 않다

"충忠은 자신의 성性을 다하는 것이다.

서恕는 자신의 마음을 확장하여 다른 사람을 대하는 것이다.

충서는 나에게 행하지 않기를 바라는 일을 다른 사람에게 행하지 않는 것이다.

군자의 도는 네 가지가 있다. 나, 공구(공자)는 그 중 한 가지도 잘 하지 못한다.

자식에게는 부모를 잘 섬기기를 바라면서도, 나는 부모를 잘 섬기지 못한다.

신하에게는 임금을 잘 섬기기를 바라면서도, 나는 임금을 잘 섬기지 못한다.

동생에게는 형을 잘 섬기기를 바라면서도, 나는 형을 잘 섬기지 못한다.

친구들에게는 먼저 나에게 잘해 주기를 바라면서도, 나는 친구들에게 잘 베풀지 못한다.

일상에서 행하는 덕과 일상에서 쓰는 말은 성실해야 한다.

부족한 것이 있으면 채우기에 힘쓴다.

할 말이 많아도 감히 다 하지 않는다.

말할 때는 실행할 수 있는가 생각해 보고, 행동할 때는 자신이 한 말에 비추어 본다.

군자가 어찌 말과 행동을 진실되게 하지 않겠는가?"

"忠恕違道不遠, 施諸己而不願, 亦勿施於人.
충서위도불원 시저기이불원 역물시어인

君子之道四, 丘未能一焉. 所求乎子, 以事父, 未能也;
군자지도사 구미능일언 소구호자 이사부 미능야

所求乎臣, 以事君, 未能也; 所求乎弟, 以事兄, 未能也;
소구호신 이사군 미능야 소구호제 이사형 미능야

所求乎朋友, 先施之, 未能也.
소구호붕우 선시지 미능야

庸德之行, 庸言之謹, 有所不足, 不敢不勉, 有餘不敢盡.
용덕지행 용언지근 유소부족 불감불면 유여불감진

言顧行, 行顧言, 君子胡不慥慥爾!"
언고행 행고언 군자호불조조이

3-4.
상황에 맞게 행하라!

군자는 현재 자신의 처지에 맞게 처신하고, 그 밖의 것은 바라지 않는다.

부귀한 처지에 있으면 부귀한 사람의 도리를 행하고, 빈천한 처지에 있으면 빈천한 사람의 도리를 행한다. 이민족의 땅에 살게 되면 그 상황에 맞게 행동한다.

전쟁과 같은 어려운 상황에 처하면 또한 그에 맞게 행동한다.

군자는 어떠한 상황에 처하든 항상 그에 맞게 행동한다.

윗자리에 있을 때 아랫사람을 업신여기지 않으며, 아랫자리에 있을 때 윗사람을 끌어내리지 않는다.

자신을 바르게 하고 다른 사람에게 구하는 것이 없으면 원망할 일도 없다.

군자는 위로는 하늘을 원망하지 않고, 아래로는 다른 사람을 탓하지 않는다.

군자는 현재를 편안하게 여기며 천명을 기다리고, 소인은 위험한 행동을 하면서 요행을 바란다.

공자가 말했다.

"군자의 언행은 활쏘기와 닮았다.

화살이 정곡을 맞추지 못하면, 돌아보아 자신에게서 그 원인을 찾는다."

君子素其位而行, 不願乎其外.
군 자 소 기 위 이 행 불 원 호 기 외

素富貴, 行乎富貴；素貧賤, 行乎貧賤；素夷狄, 行乎夷狄；
소 부 귀 행 호 부 귀 소 빈 천 행 호 빈 천 소 이 적 행 호 이 적

素患難, 行乎患難. 君子無入而不自得焉.
소 환 난 행 호 환 난 군 자 무 입 이 부 자 득 언

在上位, 不陵下；在下位, 不援上.
재 상 위 불 릉 하 재 하 위 불 원 상

正己而不求於人, 則無怨.
정 기 이 불 구 어 인 즉 무 원

上不怨天, 下不尤人.
상 불 원 천 하 불 우 인

故君子居易以俟命, 小人行險以徼幸.
고 군 자 거 이 이 사 명 소 인 행 험 이 요 행

子曰 "射有似乎君子, 失諸正鵠, 反求諸其身".
자 왈 사 유 사 호 군 자 실 저 정 곡 반 구 저 기 신

3-5.
행원자이行遠自邇, 등고자비登高自卑

군자의 도는 길을 가는 것과 같다.

먼 곳을 가려면 반드시 가까운 곳에서 출발해야 한다行遠自邇.

높은 곳에 오르려면 반드시 낮은 곳에서 출발해야 한다登高自卑.

『시경』에서 노래했다.

"아내와 자식과 어울림이

비파와 거문고를 타는 듯하네.

형과 동생이 뜻을 같이 하니

즐겁고도 즐겁구나.

집안이 화목하니 아내와 자식들도 즐거우리라."

공자가 말했다.

"이 시처럼 가족이 화목하면 부모의 마음도 편안할 것이다."

君子之道, 辟如行遠必自邇, 辟如登高必自卑.
군 자 지 도 비 여 행 원 필 자 이 비 여 등 고 필 자 비

詩曰 "妻子好合, 如鼓瑟琴. 兄弟旣翕, 和樂且耽.
시 왈 처 자 호 합 여 고 슬 금 형 제 기 흡 화 락 차 탐

宜爾室家, 樂爾妻帑".
의 이 실 가 낙 이 처 노

子曰 "父母其順矣乎!"
자 왈 부 모 기 순 의 호

3-6.
귀신의 작용은 성대하다

공자가 말했다.

"귀신의 작용은 성대하도다.

보려고 해도 보이지 않고, 들으려고 해도 들리지 않지만

만물에 깃들지 않는 곳이 없다.

천하의 사람들에게 제사 지내기 전에는 몸과 마음을 깨끗이 하며, 의복을 잘 갖추어 입고 제사를 올리게 한다.

크고 넓은 기운이 가득하구나!

귀신이 가까이 계시는 듯, 나의 좌우에 임하신 듯하구나!"

『시경』에서 노래했다.

"신이 이르는 때를 알 수 없어라.

어찌 게을리하여 공경하지 않겠는가."

제사에서는 은미한 귀신의 작용이 밝게 드러난다.

'성'誠이 가려질 수 없음이 이와 같도다.

子曰 "鬼神之爲德, 其盛矣乎!
자 왈 귀신지위덕 기성의호

視之而弗見, 聽之而弗聞, 體物而不可遺.
시지이불견 청지이불문 체물이불가유

使天下之人齊明盛服, 以承祭祀. 洋洋乎!
사천하지인재명성복 이승제사 양양호

如在其上, 如在其左右".
여재기상 여재기좌우

詩曰 "神之格思, 不可度思, 矧可射思!"
시 왈 신지격사 불가탁사 신가역사

夫微之顯, 誠之不可揜如此夫!
부미지현 성지불가엄여차부

3-7. 순임금은 위대한 효자이시다!

공자가 말했다.

"순임금은 위대한 효자이시다!

성인의 덕을 갖추고, 높은 천자의 자리에 오르셔서 천하를 소유하셨다. 종묘에서 제사를 받으시고, 자손을 보호하셨다.

위대한 덕을 지닌 사람은 반드시 그에 맞는 지위와 부를 얻는다. 그에 맞는 명성을 얻고, 천수를 누린다.

하늘이 만물을 낳을 때는 반드시 타고난 바탕을 따른다.

뿌리가 기운차게 뻗는 것은 도와주고, 기울어지는 것은 엎어버린다.

『시경』에서 노래했다.

'아름다운 군자여!

훌륭한 덕이 드러나는구나.

백성들이 기뻐하니 하늘에서 복을 받도다.

하늘이 보우하여 명을 내리니 끝이 없구나!'

위대한 덕을 지닌 사람은 반드시 천명을 받아 천자가 되는 것이다."

子曰"舜其大孝也與!
자 왈 순 기 대 효 야 여

德爲聖人, 尊爲天子, 富有四海之內, 宗廟饗之, 子孫保之.
덕 위 성 인 존 위 천 자 부 유 사 해 지 내 종 묘 향 지 자 손 보 지

故大德必得其位, 必得其祿, 必得其名, 必得其壽.
고 대 덕 필 득 기 위 필 득 기 록 필 득 기 명 필 득 기 수

故天之生物, 必因其材而篤焉. 故栽者培之, 傾者覆之.
고 천 지 생 물 필 인 기 재 이 독 언 고 재 자 배 지 경 자 복 지

詩曰'嘉樂君子, 憲憲令德. 宜民宜人, 受祿于天.
시 왈 가 락 군 자 헌 헌 영 덕 의 민 의 인 수 록 우 천

保佑命之, 自天申之'.
보 우 명 지 자 천 신 지

故大德者必受命".
고 대 덕 자 필 수 명

3-8.
문왕과 무왕의 덕

공자가 말했다.

"오직 문왕만이 근심이 없으셨다. 아버지 왕계는 왕업을 닦으셨고, 아들 무왕은 주周나라를 세웠나. 무왕은 태왕, 왕계, 문왕의 뜻을 이어 받았다. 한번 갑옷을 갖추어 입고서 은나라 주紂왕을 물리치고 천하를 차지하였다.

무왕은 천하에서 위대한 이름을 얻으셨다. 존귀한 천자의 자리에 올라 천하를 소유하셨다. 돌아가신 후에는 종묘에서 제사를 받으시고, 오래도록 자손을 보호하셨다.

무왕은 노년에 천명을 받았다. 주周나라를 세운 지 3년 만에 돌아가시니, 동생 주공이 문왕과 무왕의 덕을 완성하였다. 주공은 태왕, 왕계를 왕으로 추존하고, 그 위의 선조들은 천자의 예로 성대히 제사지냈다."

子曰“無憂者, 其惟文王乎! 以王季爲父, 以武王爲子.
자 왈 무우자 기유문왕호 이왕계위부 이무왕위자

父作之, 子述之.
부작지 자술지

武王纘大王王季文王之緒, 壹戎衣而有天下,
무왕찬태왕왕계문왕지서 일융의이유천하

身不失天下之顯名.
신불실천하지현명

尊爲天子, 富有四海之內, 宗廟饗之, 子孫保之.
존위천자 부유사해지내 종묘향지 자손보지

武王末受命, 周公成文武之德, 追王大王王季,
무왕말수명 주공성문무지덕 추왕태왕왕계

上祀先公以天子之禮. 斯禮也, 達乎諸侯大夫, 及士庶人”.
상사선공이천자지례 사례야 달호제후대부 급사서인

3-9.
장례와 제사의 예

"아버지가 대부大夫이고 아들이 사士이면, 아버지의 장례는 대부의 예로 지내고 제사는 사의 예로 지낸다. 아버지가 사이고 아들이 대부이면, 아버지의 장례는 사의 예로 지내고 제사는 대부의 예로 지낸다.
장례는 돌아가신 아버지의 지위로 하고 제사는 아들의 지위로 한다.
할아버지와 할머니의 일년상一年喪은 서인에서부터 대부까지 지킨다.
부모의 상喪인 삼년상三年喪은 서인에서부터 천자까지 지킨다.
부모의 삼년상은 귀한 사람이나 천한 사람이나 동일하게 행해야 한다."

"父爲大夫, 子爲士, 葬以大夫, 祭以士.
부 위 대 부 자 위 사 장 이 대 부 제 이 사

父爲士, 子爲大夫, 葬以士, 祭以大夫.
부 위 사 자 위 대 부 장 이 사 제 이 대 부

期之喪, 達乎大夫. 三年之喪, 達乎天子.
기 지 상 달 호 대 부 삼 년 지 상 달 호 천 자

父母之喪, 無貴賤, 一也."
부 모 지 상 무 귀 천 일 야

3-10.
효에 대하여

공자가 말했다.

"무왕과 주공은 천하에서 인정하는 효자이시다!

효는 조상의 뜻과 조상이 하신 일을 이어가는 것이다.

봄과 가을에는 조상을 모신 사당을 수리한다. 조상이 남기신 귀한 그릇을 진열하고, 조상이 남기신 옷을 잘 펼쳐서 관리한다. 제사는 제철음식으로 올린다.

종묘의 예는 소昭와 목穆의 차례를 정한다. 소昭와 목穆은 조상의 신주를 모시는 차례이다. 왼쪽 줄을 소昭라 하고, 오른쪽 줄을 목穆이라 한다. 1세를 가운데 두고, 2세, 4세, 6세를 소昭의 자리에 모시고, 3세, 5세, 7세를 목穆의 자리에 모신다.

벼슬에 따라 서 있는 자리를 나누는 것은 귀한 이와 천한 이를 구별하는 방법이다. 제사에서 맡은 일에 차례를 정하는 것은 어진 사람을 구별하는 방법이다.

제사가 끝나 갈 무렵 참여했던 사람들이 모여 서로 술을 권하는 여수旅酬가 있다. 이때는 아랫사람이 윗사람에게 술잔을 올린다. 이것은 아랫사람에게 술잔이 돌아가게 배려하는 것이다. 제사가 끝나면 성姓이 같은 친척끼리 모여 노는 연모燕毛가 있다. 이때는 머리카락 색깔에 따라 나이 순으로 자리를 정한다. 이것은 연장자와 연소자가 앉는 자리를 정하기 위해서이다."

子曰"武王周公, 其達孝矣乎!
자 왈 무왕주공 기달효의호

夫孝者, 善繼人之志, 善述人之事者也.
부 효 자 선 계 인 지 지 선 술 인 지 사 자 야

春秋修其祖廟, 陳其宗器, 設其裳衣, 薦其時食.
춘 추 수 기 조 묘 진 기 종 기 설 기 상 의 천 기 시 식

宗廟之禮, 所以序昭穆也.
종 묘 지 례 소 이 서 소 목 야

序爵, 所以辨貴賤也 ; 序事, 所以辨賢也.
서 작 소 이 변 귀 천 야 서 사 소 이 변 현 야

旅酬, 下爲上, 所以逮賤也 ; 燕毛, 所以序齒也".
여 수 하 위 상 소 이 체 천 야 연 모 소 이 서 치 야

3-11.
지극한 효를 행하는 예법

"제사를 지내는 것은 조상의 뜻을 계승하고자 하는 것이다. 그분들이 섰던 그 자리에서 그분들이 행하셨던 예법을 행하고, 그분들이 연주하던 음악을 연주한다. 그분들이 존중했던 일을 공경하고, 그분들이 친히 했던 일을 아낀다. 돌아가신 분 섬기기를 살아계셨을 때와 같이하고, 안 계신 분 섬기기를 계신 것처럼 한다. 이것이 지극한 효이다.
하늘에 지내는 제사는 교제郊祭이고, 땅에 지내는 제사는 사제社祭이다. 체제禘祭는 천자가 시조에게 지내는 제사이다. 봄·여름·가을·겨울, 철마다 지내는 제사를 시제時祭라 하고, 그 중 가을 제사가 상제嘗祭이다. 교제와 사제, 체제와 상제를 지내는 예법을 안다면, 나라 다스리는 것은 손바닥 들여다보듯 쉬울 것이다."

"踐其位, 行其禮, 奏其樂, 敬其所尊,
천기위 행기례 주기악 경기소존

愛其所親, 事死如事生, 事亡如事存, 孝之至也.
애기소친 사사여사생 사망여사존 효지지야

郊社之禮, 所以事上帝也 ; 宗廟之禮, 所以祀乎其先也.
교사지례 소이사상제야 종묘지례 소이사호기선야

明乎郊社之禮, 禘嘗之義, 治國其如示諸掌乎!"
명호교사지례 체상지의 치국기여시저장호

중용

4부

공자에게 물었다

4-1.
정치란 무엇입니까?

노나라 애공이 공자에게 물었다.

"정치란 무엇입니까?"

공자가 대답했다.

"주나라 문왕과 무왕이 행한 정치가 죽간에 남아 있습니다. 그러한 정치를 행할 만한 사람이 있으면 문왕과 무왕의 정치는 행해질 것입니다. 그럴 만한 사람이 없으면 그러한 정치는 행해지지 않습니다.

사람의 도리는 정치에 빠르게 나타나고 땅의 도리는 나무에 빠르게 나타납니다. 정치의 효과는 갈대가 자라는 것처럼 빠르게 나타납니다."

哀公問政.
애 공 문 정

子曰 "文武之政, 布在方策. 其人存, 則其政擧 ;
자 왈 문무지정 포재방책 기인존 즉기정거

其人亡, 則其政息. 人道敏政, 地道敏樹.
기인망 즉기정식 인도민정 지도민수

夫政也者, 蒲盧也".
부정야자 포로야

4-2.
정치의 성패는 군주에게 달려 있다

"그러므로 정치의 성패는 군주에게 달려 있습니다. 군주가 수신을 해야 현명한 사람을 얻을 수 있습니다. 수신은 도道로써 하며, 도道를 닦는 것은 인仁으로써 해야 합니다.

인仁은 사람이 행하는 것입니다. 일가친척과 화목하게 지내는 것이 가장 중요합니다. 의義는 사리를 분별하는 것입니다. 어진 선생에게 배우고 좋은 친구를 사귀는 것이 중요합니다. 예禮는 친척의 가까움과 멀어짐에서 생기고, 현명한 이를 높이는 높고 낮음에서 나옵니다.

수신하는 사람이 군자입니다. 수신에서 중요한 것은 부모와 일가친척을 섬기는 것입니다. 부모와 일가친척과 화목하게 지내려면 사람의 도리를 알아야 합니다. 사람의 도리를 알려면 하늘의 이치까지 알아야 합니다."

“故爲政在人, 取人以身, 修身以道, 修道以仁.
고위정재인 취인이신 수신이도 수도이인

仁者, 人也, 親親爲大 ; 義者, 宜也, 尊賢爲大.
인자 인야 친친위대 의자 의야 존현위대

親親之殺, 尊賢之等, 禮所生也.
친친지쇄 존현지등 예소생야

故君子不可以不修身 ;
고군자불가이불수신

思修身, 不可以不事親, 思事親, 不可以不知人 ;
사수신 불가이불사친 사사친 불가이부지인

思知人, 不可以不知天.”
사지인 불가이부지천

4-3.
천하에 두루 통하는 도리

"하늘의 이치로 천하에 두루 통하는 도리[達道]가 다섯 가지 있습니다.

군신유의, 군주와 신하 사이에는 의리가 있어야 합니다.

부자유친, 부모와 자식은 항상 화목해야 합니다.

부부유별, 남편과 아내는 집안에서 행해야 할 소임이 각각 다릅니다.

장유유서, 나이 든 사람과 어린 사람은 차례를 지켜야 합니다.

붕우유신, 친구와 사귈 때는 신의가 있어야 합니다.

이 다섯 가지가 천하에 두루 통하는 도리입니다.

천하에 두루 통하는 도리를 행하는 방법에는 세 가지가 있습니다. 지혜로움[知], 어짊[仁], 용맹스러움[勇]입니다. 이 세 가지를 천하의 두루 통하는 덕[達德]이라고 합니다.

지혜로움, 어짊, 용맹스러움을 실행하는 방법은 성실함[誠] 하나입니다."

"天下之達道五, 所以行之者三. 曰君臣也, 父子也, 夫婦也,
천하지달도오 소이행지자삼 왈군신야 부자야 부부야

昆弟也, 朋友之交也, 五者天下之達道也.
곤제야 붕우지교야 오자천하지달도야

知仁勇三者, 天下之達德也. 所以行之者一也".
지인용삼자 천하지달덕야 소이행지자일야

4-4.
행하는 방법은 다르지만

"태어나면서부터 아는 사람을 생이지지生而知之라 합니다. 배워서 아는 사람을 학이지지學而知之라 합니다. 노력해서 아는 사람을 곤이지지困而知之라 합니다. 과정은 각각 다르지만 이치를 알게 되는 것은 같습니다.
저절로 편안하게 행하는 사람을 안이행지安而行之라 합니다. 자신에게 이롭다고 생각하여 행하는 사람을 이이행지利而行之라 합니다. 어떤 사람은 힘써 노력하여 행합니다. 이런 사람을 면강이행지勉强而行之라 합니다. 행하는 방법은 다르지만 원하는 바를 이루는 것은 같습니다."

"或生而知之, 或學而知之, 或困而知之, 及其知之, 一也.
혹생이지지 혹학이지지 혹곤이지지 급기지지 일야

或安而行之, 或利而行之, 或勉强而行之, 及其成功, 一也."
혹안이행지 혹리이행지 혹면강이행지 급기성공 일야

4-5.
수신하는 이유—지知, 인仁, 용勇

애공이 실행하기 어렵다고 하자, 공자가 다시 대답했다.

"배우기를 좋아하면 지혜로운 사람에 가까워집니다. 도리를 힘써 행하면 인자해집니다. 부끄러움을 알면 용감해집니다. 이 세 가지를 알면 수신하는 이유를 알게 됩니다. 수신하는 이유를 알게 되면 사람을 다스리는 이유도 알게 됩니다. 사람을 다스리는 이유를 알면 천하와 국가를 다스리는 이유도 알게 됩니다."

子曰 "好學近乎知, 力行近乎仁, 知恥近乎勇.
자 왈 호학근호지 역행근호인 지치근호용

知斯三者, 則知所以修身 ; 知所以修身, 則知所以治人 ;
지사삼자 즉지소이수신 지소이수신 즉지소이치인

知所以治人, 則知所以治天下國家矣".
지소이치인 즉지소이치천하국가의

4-6.
천하와 국가를 다스리는 아홉 가지 도리

"천하와 국가를 다스리는 데는 아홉 가지 변치 않는 도리[九經]가 있습니다.

수신修身, 존현尊賢, 친친親親, 경대신敬大臣, 체군신體羣臣, 자서민子庶民, 내백공來百工, 유원인柔遠人, 회제후懷諸侯입니다.

수신은 몸과 마음을 닦는 것입니다.

존현은 어진 스승에게 배우고 좋은 친구를 사귀는 것입니다.

친친은 부모 형제와 화목한 것입니다.

경대신은 중책을 맡은 대신들을 존중하는 것입니다.

체군신은 신하를 그들의 입장에서 이해하는 것입니다.

자서민은 백성을 자식처럼 여기는 것입니다.

내백공은 기술자들을 제대로 대우하는 것입니다.

유원인은 여행자들을 따뜻하게 대하는 것입니다.

회제후는 천하의 제후들과 원만히 지내는 것입니다.

이것을 구경九經이라 합니다."

"凡爲天下國家有九經, 曰修身也, 尊賢也, 親親也, 敬大臣也,
범위천하국가유구경 왈수신야 존현야 친친야 경대신야

體群臣也, 子庶民也, 來百工也, 柔遠人也, 懷諸侯也".
체군신야 자서민야 래백공야 유원인야 회제후야

4-7.
9경九經의 효과

"수신修身하면 도가 내면에서 이루어져 백성의 모범이 됩니다.
존현尊賢하면 사물의 이치를 분명히 알아 의혹됨이 없어집니다.
친친親親하면 일가친척이 원망하지 않습니다.
대신들을 존중하면 나라 일에 혼란이 생기지 않습니다.
여러 신하들을 이해하면 그들이 맡은 일에 최선을 다합니다.
백성을 자식처럼 여기면 민심을 얻게 됩니다.
기술자들을 잘 대우하면 국가의 물품이 넉넉해집니다.
여행객들을 따뜻하게 대하면 사방에서 사람들이 찾아옵니다.
제후들과 원만히 지내면 천하가 모두 두려워합니다."

"修身則道立, 尊賢則不惑, 親親則諸父昆弟不怨,
수신즉도립 존현즉불혹 친친즉제부곤제불원

敬大臣則不眩, 體群臣則士之報禮重, 子庶民則百姓勸,
경대신즉불현 체군신즉사지보례중 자서민즉백성권

來百工則財用足, 柔遠人則四方歸之, 懷諸侯則天下畏之."
래 백 공 즉 재 용 족 유 원 인 즉 사 방 귀 지 회 제 후 즉 천 하 외 지

4-8.
9경九經을 실천하는 방법

"수신修身하는 방법은 우선 옷을 제대로 갖춰 입고, 예의가 아니면 행동하지 않는 것입니다.
존현尊賢하는 방법은 가식적인 표정으로 남을 헐뜯는 자를 멀리하는 것입니다. 재물을 가볍게 보고 덕을 귀하게 생각해야 합니다.
군주가 친족과 원만히 지내는 방법은 그들의 지위를 높여 주고, 녹봉을 충분히 주는 것입니다. 친족과는 좋아하고 싫어하는 감정을 공유해야 합니다.
대신을 존중하는 방법은 사람을 넉넉히 쓰도록 전권을 위임하는 것입니다.
나라 일을 맡은 신하를 격려하는 방법은 그들을 진심으로 믿고 녹봉을 후하게 주는 것입니다.
백성을 자식처럼 여긴다면 농사철에는 전쟁을 하거나 성을 쌓는 일로 그들을 소집해서는 안 됩니다. 세금은 가능한 적게 거두어야 합니다.

기술자들을 장려하는 방법은 그들의 성과를 잘 살펴서 일에 맞게 봉급을 주어야 합니다.

여행객을 따뜻하게 대하는 방법은 찾아오는 사람은 반겨주고 떠나가는 사람은 안전하게 보내줍니다. 그들 중에 능력이 있는 사람은 잘 대우해 주고, 어려운 처지의 사람은 불쌍히 여겨 잘 보살펴 주어야 합니다.

제후들과 원만히 지내는 방법은 대가 끊어진 집안은 후계자를 세워 주고, 망한 나라는 제사를 받들게 하는 것입니다. 반란이 일어났거나, 위태로운 나라는 도와주어야 합니다.

외교는 정해진 원칙대로 해야 합니다. 제후가 천자를 알현하는 것을 조朝라 하고, 대부를 시켜 선물을 바치는 것을 빙聘이라고 합니다. 보내는 선물은 많게 하고, 받는 선물은 적게 하는 것이 제후들과 원만하게 지내는 방법입니다.

이처럼 천하, 국가는 아홉 가지 변치 않는 도리로 다스려야 합니다. 이것을 행하는 방법은 오직 하나, 성실함[誠]뿐입니다."

"齊明盛服, 非禮不動, 所以修身也 ;
재명성복 비례부동 소이수신야

去讒遠色, 賤貨而貴德, 所以勸賢也;
거 참 원 색 천 화 이 귀 덕 소 이 권 현 야

尊其位, 重其祿, 同其好惡, 所以勸親親也;
존 기 위 중 기 록 동 기 호 오 소 이 권 친 친 야

官盛任使, 所以勸大臣也; 忠信重祿, 所以勸士也;
관 성 임 사 소 이 권 대 신 야 충 신 중 록 소 이 권 사 야

時使薄斂, 所以勸百姓也;
시 사 박 렴 소 이 권 백 성 야

日省月試, 旣稟稱事, 所以勸百工也;
일 성 월 시 희 름 칭 사 소 이 권 백 공 야

送往迎來, 嘉善而矜不能, 所以柔遠人也;
송 왕 영 래 가 선 이 긍 불 능 소 이 유 원 인 야

繼絶世, 擧廢國, 治亂持危, 朝聘以時, 厚往而薄來,
계 절 세 거 폐 국 치 란 지 위 조 빙 이 시 후 왕 이 박 래

所以懷諸侯也.
소 이 회 제 후 야

凡爲天下國家有九經. 所以行之者一也."
범 위 천 하 국 가 유 구 경 소 이 행 지 자 일 야

4-9. 행해야 할 도리가 미리 정해지면 곤란해지지 않는다

"모든 일은 미리 대비해야만 이룰 수 있습니다. 미리 대비하지 않으면 이루어지지 않습니다.
해야 할 말을 미리 생각하면 착오가 생기지 않습니다. 앞으로 해야 할 일을 미리 정하면 어려움에 빠지지 않습니다. 해야 할 행동을 미리 정하면 후회가 없습니다. 행해야 할 도리가 미리 정해지면 곤란해지지 않습니다.
아랫자리에 있는 사람이 윗사람에게 신임을 얻지 못하면 백성을 다스릴 수 없습니다.
윗사람에게 신임을 얻는 방법은 주변 친구들에게 신임을 받는 것입니다. 친구들에게 신임을 받으려면 부모님의 뜻을 따라야 합니다. 자신을 돌이켜보아 성실해야만 부모의 뜻을 따를 수 있고, 친구들의 신임도 받을 수 있습니다. 자신을 성실하게 하려면 하늘이 부여한 선한 본성을 분명히 알아 수신해야 합니다. 본성을 닦지 않으면 자신을 성실하게 할 수 없습니다."

"凡事豫則立, 不豫則廢.
범사예즉립 불예즉폐

言前定則不跲, 事前定則不困, 行前定則不疚, 道前定則不窮.
언전정즉불겁 사전정즉불곤 행전정즉불구 도전정즉불궁

在下位不獲乎上, 民不可得而治矣.
재하위불획호상 민불가득이치의

獲乎上有道, 不信乎朋友, 不獲乎上矣 ;
획호상유도 불신호붕우 불획호상의

信乎朋友有道, 不順乎親, 不信乎朋友矣;
신호붕우유도 불순호친 불신호붕우의

順乎親有道, 反諸身不誠, 不順乎親矣 ;
순호친유도 반저신불성 불순호친의

誠身有道, 不明乎善, 不誠乎身矣."
성신유도 불명호선 불성호신의

4-10.
거짓 없는 성실함, 하늘의 도

"하늘의 도는 거짓 없는 성실함[誠]입니다.

사람의 도는 천도를 따라 성실해지려는 것입니다.

태어나면서 천도의 경지에 이른 사람을 성인이라고 합니다. 성인은 힘쓰지 않아도 천도에 맞고, 생각하지 않아도 천도를 얻어서 편안하게 도를 행합니다."

"誠者, 天之道也 ; 誠之者, 人之道也.
성 자 천 지 도 야 성 지 자 인 지 도 야

誠者, 不勉而中, 不思而得, 從容中道, 聖人也."
성 자 불 면 이 중 불 사 이 득 종 용 중 도 성 인 야

4-11.
박학博學, 심문審問, 신사愼思, 명변明辨, 독행篤行

성실해지려고 하는 사람은 천도를 택해서 그것을 굳게 지켜 실천합니다. 이런 사람은 넓게 배우고[博學] 자세하게 묻습니다[審問]. 또한 신중하게 생각하고[愼思] 분명하게 판단합니다[明辨]. 천도를 따르는 사람의 실천은 진실하고 돈독합니다[篤行]. 이런 사람은 일단 배우기 시작하면 철저히 알기 전에는 그만두지 않습니다. 질문할 것이 있으면 의문이 완전히 풀릴 때까지 멈추지 않습니다. 생각을 깊게 하여 내용을 파악할 때까지 멈추지 않습니다. 판단할 때에는 분명하고 정확하게 알 수 있을 때까지 그만두지 않습니다. 행하지 않는다면 그만이지만, 일단 행한다면 철저하게 합니다. 다른 사람이 한 번에 할 수 있는 일을 자신은 한 번에 할 수 없는 경우도 있습니다. 조급하게 생각하지 말고 백 번이라도 거듭하면 됩니다. 다른 사람이 열 번에 할 수 있는 일을 자신은 열 번에 할 수 없는 경우가 있습니다.

천 번을 해서라도 이루면 됩니다.

이러한 도리를 행할 수 있다면 어리석은 사람도 반드시 현명해

집니다. 의지가 약한 사람도 반드시 강인해집니다."

"誠之者, 擇善而固執之者也.
성지자 택선이고집지자야

博學之, 審問之, 愼思之, 明辨之, 篤行之.
박학지 심문지 신사지 명변지 독행지

有弗學, 學之弗能弗措也 ; 有弗問, 問之弗知弗措也 ;
유불학 학지불능부조야 유불문 문지부지부조야

有弗思, 思之弗得弗措也 ; 有弗辨, 辨之弗明弗措也 ;
유불사 사지부득부조야 유불변 변지불명부조야

有弗行, 行之弗篤弗措也.
유불행 행지부독부조야

人一能之, 己百之 ; 人十能之, 己千之.
인일능지 기백지 인십능지 기천지

果能此道矣, 雖愚必明, 雖柔必强."
과능차도의 수우필명 수유필강

중용

5부

하늘의 도와 인간이 가야 할 도

5-1.
성실함, 하늘의 도

성실함[誠]을 통해 명철해지는 것을 성性이라 하고, 명철함을 통해서 성실[誠]해지는 것을 가르침[教]이라고 한다. 성실하면 명철해지고, 명철해지면 하늘의 도道인 성실함으로 나아갈 수 있다.

自誠明, 謂之性 ; 自明誠, 謂之教. 誠則明矣, 明則誠矣.
자 성 명 위 지 성 자 명 성 위 지 교 성 즉 명 의 명 즉 성 의

5-2.
천하의 지극히 성실한 사람[하늘의 도 ①]

천하의 지극히 성실한 사람은 타고난 성性을 다 실현할 수 있다. 타고난 사람의 성을 다 실현하면 다른 사람의 성도 다 실현된다. 다른 사람의 성이 다 실현되면 만물의 성도 다 실현된다. 만물의 성이 다 실현되면 하늘과 땅이 만물을 만들어 자라나게 하는 것을 도울 수 있다. 천지가 만물을 만들어 자라나게 하는 것을 돕는 사람은 천지와 일체가 된다.

唯天下至誠, 爲能盡其性 ; 能盡其性, 則能盡人之性 ;
유 천 하 지 성 위 능 진 기 성 능 진 기 성 즉 능 진 인 지 성

能盡人之性, 則能盡物之性 ;
능 진 인 지 성 즉 능 진 물 지 성

能盡物之性, 則可以贊天地之化育 ;
능 진 물 지 성 즉 가 이 찬 천 지 지 화 육

可以贊天地之化育, 則可以與天地參矣.
가 이 찬 천 지 지 화 육 즉 가 이 여 천 지 삼 의

5-3.
천하지성 다음은 치곡[인간의 도 ①]

천하지성天下至誠 다음은 치곡致曲하는 것이다. 치곡은 자신이 가진 선한 한 부분을 밝게 해서 전체로 확장해 가는 것이다. 선한 한 부분을 밝아지게 노력하면[誠], 마음에 쌓인 것이 몸에 드러나고[形], 몸에 드러나면 몸과 하나가 되고[著], 몸과 하나가 되면 몸이 밝아지고[明], 몸이 밝아지면 다른 사람을 움직여[動] 변하게[變] 한다. 변하면[變] 저절로 교화[化]되어 성을 실현한다. 천하의 지극히 성실한 사람만이 화[化]할 수 있다.

其次致曲. 曲能有誠, 誠則形, 形則著, 著則明, 明則動,
기 차 치 곡 곡 능 유 성 성 즉 형 형 즉 저 저 즉 명 명 즉 동

動則變, 變則化. 唯天下至誠爲能化.
동 즉 변 변 즉 화 유 천 하 지 성 위 능 화

5-4. 지극한 성실함은 신神과 같다[하늘의 도 ②]

지극히 성실한 도를 체현한 사람은 앞날을 미리 알 수 있다. 국가가 흥하려고 하면 반드시 좋은 조짐이 나타난다. 국가가 망하려고 하면 반드시 불길한 조짐이 나타난다. 시초 풀과 거북 껍질로 치는 점괘에 나타나며, 국가를 다스리는 사람의 동작에도 나타난다. 화와 복이 장차 오려고 할 때 지극히 성실한 도를 체현한 사람은 그 원인이 되는 선과 불선을 미리 알 수 있으니, 지극한 성실함은 신神과 같이 작동한다.

至誠之道, 可以前知. 國家將興, 必有禎祥 ;
지 성 지 도 가 이 전 지 국 가 장 흥 필 유 정 상

國家將亡, 必有妖孽. 見乎蓍龜, 動乎四體.
국 가 장 망 필 유 요 얼 현 호 시 귀 동 호 사 체

禍福將至. 善, 必先知之 ; 不善, 必先知之. 故至誠如神.
화 복 장 지 선 필 선 지 지 불 선 필 선 지 지 고 지 성 여 신

5-5.
군자, 성실함을 귀히 여기는 자
[인간의 도 ②]

성실함誠은 만물을 저절로 이루어지게 한다. 도는 사람이 스스로 행하는 것이다.
성실함은 만물의 시작과 끝이니, 성실하지 않으면 만물은 존재하지 않는다. 그러므로 군자는 성실함을 귀중하게 여긴다.
성실함은 자기를 이루고 만물을 완성시킨다. 자기를 이루는 것은 인仁이고, 만물을 이루어 주는 것은 지知이다. 인仁과 지知는 가지고 태어난 성性의 덕德이니, 나로 시작해서 만물과 합치되는 내외의 도道이다. 그러므로 때에 맞게 행해야 한다.

誠者自成也, 而道自道也.
성 자 자 성 야 이 도 자 도 야

誠者物之終始, 不誠無物. 是故君子誠之爲貴.
성 자 물 지 종 시 불 성 무 물 시 고 군 자 성 지 위 귀

誠者, 非自成己而已也, 所以成物也. 成己, 仁也 ; 成物, 知也 ;
성 자 비 자 성 기 이 이 야 소 이 성 물 야 성 기 인 야 성 물 지 야

性之德也, 合內外之道也, 故時措之宜也.
성 지 덕 야 합 내 외 지 도 야 고 시 조 지 의 야

5-6.
지극한 성은 쉼이 없다[하늘의 도 ③]

지극한 성[至誠]은 쉼이 없다. 쉼이 없으면 오래 지속되고, 오래 지속되면 효험이 나타난다. 효험이 나타나면 오래도록 유지할 수 있다. 오래도록 유지해야만 넓고 두터워진다. 넓고 두터워진 후에 높고 밝아진다.

넓고 두터워서 만물을 실을 수 있다. 높고 밝아서 만물을 덮을 수 있다. 멀고 오래감이 만물을 완성시키는 것이다.

넓고 두터움은 땅과 짝이 되고, 높고 밝음은 하늘과 짝이 된다. 멀고 오래감은 끝이 없다.

이와 같은 것은 드러나지 않아도 빛나고, 움직이지 않아도 만물을 변화시키며, 하는 일이 없어도 만물을 완성시킨다.

故至誠無息.
고 지 성 무 식

不息則久, 久則徵, 徵則悠遠, 悠遠則博厚 博厚則高明.
불식즉구 구즉징 징즉유원 유원즉박후박후즉고명

博厚, 所以載物也 ; 高明, 所以覆物也 ; 悠久, 所以成物也.
박후 소이재물야 고명 소이부물야 유구 소이성물야

博厚配地, 高明配天, 悠久無疆.
박후배지 고명배천 유구무강

如此者, 不見而章, 不動而變, 無爲而成.
여차자 불현이장 부동이변 무위이성

5-7.
천지의 도를 따르면[하늘의 도 ④]

천지의 도는 한마디로 성실함[誠]이다. 사물을 이루는 것은 둘이 아니라 하나이다. 천지의 도인 성실함이 만물을 낳는 것은 헤아릴 수 없다.

천지의 도는 넓고 두텁고 높고 밝으며, 멀고 오래 지속된다.

지금 하늘은 반짝반짝 빛나는 것이 많이 모여 있다. 끝없이 펼쳐진 하늘에는 해와 달과 별들이 달려 있으며, 지상의 만물을 덮고 있다.

지금 땅은 한 줌의 흙이 많이 모여서 만들어졌다. 넓고 두터운 땅은 만물을 싣고 있으니, 화산과 같은 큰 산도 무겁게 여기지 않고, 강과 바다가 흐르지만 그 물이 새지 않는다.

지금 산은 작은 돌들이 많이 모인 것이다. 광대한 산에서는 초목이 자라나고, 짐승들이 살며, 다양한 값진 광물도 산에서 나온다.

지금 물은 한 잔의 물들이 많이 모인 것이다. 헤아릴 수 없는 깊은 물에는 자라, 악어, 교룡, 물고기가 산다. 물속에는 다양한 자원이 자라고 있다.

『시경』에서 노래하였다.

"아! 하늘의 명은 심원하여 그침이 없구나.

아! 훌륭하지 않는가! 문왕의 덕의 순수함이여."

심원하여 그침이 없는 것이 하늘이 하늘이 된 까닭이다. 문왕이 칭송받는 까닭은 순수하여 그침이 없기 때문이다.

天地之道, 可一言而盡也. 其爲物不貳, 則其生物不測.
천 지 지 도 가 일 언 이 진 야 기 위 물 불 이 즉 기 생 물 불 측

天地之道. 博也, 厚也, 高也, 明也, 悠也, 久也.
천 지 지 도 박 야 후 야 고 야 명 야 유 야 구 야

今夫天, 斯昭昭之多, 及其無窮也, 日月星辰繫焉, 萬物覆焉.
금 부 천 사 소 소 지 다 급 기 무 궁 야 일 월 성 신 계 언 만 물 부 언

今夫地, 一撮土之多, 及其廣厚, 載華嶽而不重, 振河海而不洩,
금 부 지 일 촬 토 지 다 급 기 광 후 재 화 악 이 부 중 진 하 해 이 불 설

萬物載焉.
만 물 재 언

今夫山, 一卷石之多, 及其廣大, 草木生之, 禽獸居之,
금 부 산 일 권 석 지 다 급 기 광 대 초 목 생 지 금 수 거 지

寶藏興焉.
보 장 흥 언

今夫水, 一勺之多, 及其不測, 黿鼉蛟龍魚鱉生焉, 貨財殖焉.
금 부 수 일 작 지 다 급 기 불 측 원 타 교 룡 어 별 생 언 화 재 식 언

詩云 "維天之命, 於穆不已!" 蓋曰天之所以爲天也.
시 운 유천지명 오목불이 개왈천지소이위천야

"於乎不顯, 文王之德之純!" 蓋曰文王之所以爲文也.
오호불현 문왕지덕지순 개왈문왕지소이위문야

純亦不已.
순역불이

5-8.
덕성은 높이고 학문에 힘쓴다[인간의 도 ③]

위대하도다! 성인의 도여!

충만하게 만물을 잘 키우니 그 높은 덕이 하늘에까지 이르렀다. 넉넉히 크도다. 성인이 행하는 예의가 삼백 가지이고, 세세한 예절이 삼천 가지에 이르는구나.

성인의 도는 행할 만한 사람을 기다린 후에야 행해진다.

그러므로 "지극한 덕을 갖춘 사람이 아니면 지극한 도가 이루어지지 않는다"라고 말하는 것이다.

지극한 덕을 갖춘 사람이 되기 위하여 군자는 타고난 덕성을 높이고 학문에 힘쓴다.

광대한 덕성을 지극하게 하고 이치를 정미하게 분석한다. 고명高明함을 극진히 하여 중용을 행한다.

옛것을 익혀서 새로운 것을 알며, 이미 아는 것을 돈독히 하여 예를 높인다.

그러므로 윗자리에 있으면 아랫사람에게 교만하지 않고, 아랫자리에 있으면 윗사람을 배반하지 않는다.
나라가 잘 다스려질 때는 군자가 하는 말이 받아들여진다. 나라가 혼란스러울 때는 군자가 침묵하는 것이 용납된다.
『시경』에서 노래하였다.
"이미 밝고 현명하여 자신의 몸을 지킨다."

大哉聖人之道!
대재성인지도

洋洋乎! 發育萬物, 峻極于天. 優優大哉! 禮儀三百, 威儀三千.
양양호 발육만물 준극우천 우우대재 예의삼백 위의삼천

待其人而後行.
대기인이후행

故曰 "苟不至德, 至道不凝焉."
고왈 구부지덕 지도불응언

故君子尊德性而道問學, 致廣大而盡精微, 極高明而道中庸,
고군자존덕성이도문학 치광대이진정미 극고명이도중용

溫故而知新, 敦厚以崇禮.
온고이지신 돈후이숭례

是故居上不驕, 爲下不倍.
시고거상불교 위하불패

國有道, 其言足以興; 國無道, 其默足以容.
국유도 기언족이흥 국무도 기묵족이용

詩曰 "旣明且哲, 以保其身." 其此之謂與!
시왈 기명차철 이보기신 기차지위여

5-9.
그 지위가 아니면[인간의 도 ④]

공자가 말했다.

"어리석으면서도 스스로 자신의 생각을 주장하기를 좋아하고 천하면서도 스스로 자기 마음대로 하기를 좋아하는 사람이 있다. 지금 세상을 살아가면서 무조건 예전의 도로 되돌아가려고 하는 사람이 있다. 이와 같은 사람은 재앙이 그 몸에 미친다."

자사子思가 그 뜻을 설명했다.

"천자가 아니면 예에 대하여 논의하지 못한다. 법도를 제정할 수도 없고 문자를 통일할 수도 없다.

지금 천하는 동일한 수레바퀴 폭을 사용하고, 동일한 문자를 사용한다. 사람들 사이에는 지켜야 할 오륜이 있다.

높은 지위에 올랐더라도 그에 합당한 덕이 없다면 예악을 만들 수 없다. 예악을 만들 만한 덕을 갖추었어도 천자가 아니라면 감히 예악을 만들지 못한다. 공자가 이런 경우이다. 예악을 만드는 사람은 천자의 지위에 있는 성인이어야 한다."

공자가 말했다.

"나는 우임금이 세운 하나라의 예악제도에 대하여 말할 수 있다. 하지만 하나라의 후예국인 기杞나라에 남아 있는 문헌이 부족하여 충분히 입증할 수 없다.

나는 은나라의 예악제도를 배웠다. 그 예악제도가 후예국인 송나라에 아직 남아 있다. 나는 주나라의 예악제도를 배웠다. 지금은 주나라의 예악제도를 실행하고 있다. 나는 주나라를 따르겠다."

子曰 "愚而好自用, 賤而好自專, 生乎今之世, 反古之道.
자 왈 우 이 호 자 용 천 이 호 자 전 생 호 금 지 세 반 고 지 도

如此者, 烖及其身者也".
여 차 자 재 급 기 신 자 야

非天子, 不議禮, 不制度, 不考文.
비 천 자 불 의 례 부 제 도 불 고 문

今天下, 車同軌, 書同文, 行同倫.
금 천 하 거 동 궤 서 동 문 행 동 륜

雖有其位, 苟無其德, 不敢作禮樂焉 ;
수 유 기 위 구 무 기 덕 불 감 작 례 악 언

雖有其德, 苟無其位, 亦不敢作禮樂焉.
수 유 기 덕 구 무 기 위 역 불 감 작 례 악 언

子曰 "吾說夏禮, 杞不足徵也 ;
자 왈 오 설 하 례 기 부 족 징 야

吾學殷禮, 有宋存焉 ;
오 학 은 례 유 송 존 언

吾學周禮, 今用之, 吾從周".
오 학 주 례 금 용 지 오 종 주

5-10.
천하에 왕 노릇 하려면[인간의 도 ⑤]

천하의 왕 노릇 하는 데 중요한 세 가지가 있다. 이것을 잘 실행하면 허물이 적을 것이다.
하나라와 은나라의 예처럼, 오래된 것은 아무리 좋다고 하여도 증거가 없어 믿을 수 없다. 믿을 수 없기에 백성들이 따르지 않는다. 후대의 뛰어난 인물은 비록 훌륭한 덕을 지녔어도 지위가 높지 못하다. 지위가 높지 않으면 믿지 않는다. 믿지 않기 때문에 백성이 따르지 않는다.
그러므로 군자의 도는 수신을 근본으로 삼는다. 근본이 확립되면 백성들이 믿고 따른다. 하나라, 은나라, 주나라의 위대한 임금들의 도에 견주어 보아도 잘못된 것이 없어야 한다. 자신이 수행한 도를 천지 사이에서 실행해 보아도 어긋나는 부분이 없어야 한다. 귀신에게 물어보아도 의심이 없어야 한다. 100세 뒤의 성인을 기다려 견주어 보아도 의혹이 없어야 한다.

귀신에게 물어보아 의심이 없는 것이 천도를 아는 것이다. 100세 뒤의 성인을 기다려 견주어 보아도 의혹이 없는 것이 인도를 아는 것이다.

군자가 도를 행하면 대대로 천하의 도가 된다. 군자가 아는 것을 행하면 대대로 천하의 법法이 된다. 군자가 하는 말은 대대로 천하의 모범이 된다. 멀리서는 군자를 우러러보고 가까이 있으면 싫어하지 않는다.

『시경』에서 노래했다.

"저기에 있어도 미워함이 없고
여기에 있어도 싫지가 않네.
이른 아침부터 밤늦게까지 힘쓰니
오래도록 칭송을 받으리라."

군자가 이렇게 하지 않고, 천하에서 명성을 얻은 자는 없었다.

王天下有三重焉, 其寡過矣乎!
왕 천 하 유 삼 중 언 기 과 과 의 호

上焉者雖善無徵, 無徵不信, 不信民弗從;
상 언 자 수 선 무 징 무 징 불 신 불 신 민 부 종

下焉者雖善不尊, 不尊不信, 不信民弗從.
하 언 자 수 선 부 존 부 존 불 신 불 신 민 부 종

故君子之道, 本諸身, 徵諸庶民, 考諸三王而不謬,
고 군 자 지 도 본 저 신 징 저 서 민 고 저 삼 왕 이 불 류

建諸天地而不悖, 質諸鬼神而無疑, 百世以俟聖人而不惑.
건 저 천 지 이 불 패 질 저 귀 신 이 무 의 백 세 이 사 성 인 이 불 혹

質諸鬼神而無疑, 知天也 ; 百世以俟聖人而不惑, 知人也.
질 저 귀 신 이 무 의 지 천 야 백 세 이 사 성 인 이 불 혹 지 인 야

是故君子動而世爲天下道, 行而世爲天下法, 言而世爲天下則.
시 고 군 자 동 이 세 위 천 하 도 행 이 세 위 천 하 법 언 이 세 위 천 하 칙

遠之則有望, 近之則不厭.
원 지 즉 유 망 근 지 즉 불 염

詩曰 "在彼無惡, 在此無射. 庶幾夙夜, 以永終譽!"
시 왈 재 피 무 오 재 차 무 역 서 기 숙 야 이 영 종 예

君子未有不如此而蚤有譽於天下者也.
군 자 미 유 불 여 차 이 조 유 예 어 천 하 자 야

5-11.
만물은 동시에 자라면서도 서로 해치지 않는다[하늘의 도 ⑤]

공자는 요임금과 순임금의 뜻을 이어받았다. 주나라 문왕과 무왕의 정치를 본받아 밝혔다. 위로는 하늘의 운행을 본받고 아래로는 땅의 형태를 따랐다.

성인의 덕은 하늘이 만물을 덮어 감싸 주는 것과 같고, 땅이 만물을 실어 주는 것과 같다. 비유하자면 춘하추동 사계절이 번갈아 운행하는 것과 같다. 해와 달이 매일 번갈아 빛나는 것과 같다.

만물은 동시에 자라면서도 서로 해치지 않는다. 도는 동시에 행해져도 서로 어긋나지 않는다. 천도天道의 현상인 작은 덕은 냇물처럼 끊임없이 흐른다. 천도의 근본인 큰 덕은 만물을 다양하게 변화시킨다. 이것이 천지가 위대한 까닭이다.

仲尼祖述堯舜, 憲章文武, 上律天時, 下襲水土.
중니조술요순 헌장문무 상률천시 하습수토

辟如天地之無不持載, 無不覆幬,
비여천지지무불지재 무불부도

辟如四時之錯行, 如日月之代明.
비여사시지착행 여일월지대명

萬物並育而不相害, 道並行而不相悖, 小德川流, 大德敦化,
만물병육이불상해 도병행이불상패 소덕천류 대덕돈화

此天地之所以爲大也.
차천지지소이위대야

5-12.
성인은 하늘과 짝을 이룬다[하늘의 도 ⑥]

천하의 지극한 성인은 총명하고 지혜로워서 천하를 다스릴 수 있다.

너그럽고 온화하여 만물을 포용할 수 있다.

강하고 굳세어 일을 해나갈 수 있다.

위엄 있게 중용의 도를 행하여 존경을 받을 수 있다.

이치를 세밀하게 살펴서 분별력이 있다.

이런 성인은 마음이 넓고 깊어 때에 맞추어 나타난다.

두루 넓은 것은 하늘과 같고 고요하고 깊은 것은 연못과 같다.

성인이 나타나면 공경하지 않는 백성이 없다.

성인이 말을 하면 백성들은 믿고 따른다.

성인이 도를 행하면 백성들은 모두 기뻐한다.

성인의 명성은 온 나라에 넘쳐나서 주변으로 퍼져 나간다. 배와 수레가 이르는 곳과 사람의 힘이 미치는 곳까지 이른다. 하늘이 덮어 주는 곳과 땅이 실어 주는 곳은 어디에나 미친다. 해와 달이 비추고 이슬이 내리는 곳까지 영향이 미친다. 이 세상에 생명이 있는 것들은 모두 존경하고 친애하지 않음이 없다. 이것이 성인은 하늘과 짝을 이룬다고 하는 것이다.

唯天下至聖, 爲能聰明睿知, 足以有臨也;
유 천 하 지 성 위 능 총 명 예 지 족 이 유 임 야

寬裕溫柔, 足以有容也; 發强剛毅, 足以有執也;
관 유 온 유 족 이 유 용 야 발 강 강 의 족 이 유 집 야

齊莊中正, 足以有敬也; 文理密察, 足以有別也.
제 장 중 정 족 이 유 경 야 문 리 밀 찰 족 이 유 별 야

溥博淵泉, 而時出之. 溥博如天, 淵泉如淵.
부 박 연 천 이 시 출 지 부 박 여 천 연 천 여 연

見而民莫不敬, 言而民莫不信, 行而民莫不說.
현 이 민 막 불 경 언 이 민 막 불 신 행 이 민 막 불 열

是以聲名洋溢乎中國, 施及蠻貊.
시 이 성 명 양 일 호 중 국 이 급 만 맥

舟車所至, 人力所通, 天之所覆, 地之所載,
주 거 소 지 인 력 소 통 천 지 소 부 지 지 소 재

日月所照, 霜露所隊, 凡有血氣者, 莫不尊親.
일 월 소 조 상 로 소 추 범 유 혈 기 자 막 불 존 친

故曰配天.
고 왈 배 천

5-13.
하늘의 덕에 통달한 사람이 아니라면

[하늘의 도 ⑦]

천하의 지극히 성실한 사람만이 천하의 큰 법을 경륜할 수 있다. 천하의 위대한 근본을 세울 수 있으며, 천지의 화육의 공을 알 수도 있다.

이런 사람은 다른 것에 의지하지 않는다.

얼마나 지극한가, 그의 인자함이여!

얼마나 깊고 깊은가, 그의 심오함이여!

얼마나 넓고 넓은가, 그의 하늘 같은 덕이여!

진실로 총명하고 성인의 지혜를 갖추어 하늘의 덕에 통달한 사람이 아니라면 누가 성인을 알아볼 수 있겠는가.

唯天下至誠, 爲能經綸天下之大經,
유 천 하 지 성 위 능 경 륜 천 하 지 대 경

立天下之大本, 知天地之化育. 夫焉有所倚?
입 천 하 지 대 본 지 천 지 지 화 육 부 언 유 소 의

肫肫其仁! 淵淵其淵! 浩浩其天!
순 순 기 인 연 연 기 연 호 호 기 천

苟不固聰明聖知達天德者, 其孰能知之?
구 불 고 총 명 성 지 달 천 덕 자 기 숙 능 지 지

중용

6부

하늘의 일은 소리도 없고 냄새도 없다

6-1.
군자의 도는 은근하지만 나날이 드러난다

『시경』에서 노래했다.

"비단옷을 입고, 얇은 옷을 덧입었구나."

군자는 화려함이 드러나는 것을 싫어한다. 군자의 도는 은근하지만 나날이 드러나고, 소인의 도는 처음에는 선명하지만 나날이 사라진다.

군자의 도는 담박하여 싫증나지 않는다. 간소하지만 아름답고, 온화하지만 조리가 있다. 아득히 먼 것도 가까운 곳에서 시작함을 알고 있다. 바람이 어디서부터 불어오는지를 알고 있다. 은미한 도가 분명하게 드러남을 아는 사람과 함께 덕으로 들어간다.

詩曰 "衣錦尙絅". 惡其文之著也.
시 왈 의금상경 오기문지저야

故君子之道, 闇然而日章 ; 小人之道, 的然而日亡.
고군자지도 암연이일장 소인지도 적연이일망

君子之道, 淡而不厭, 簡而文, 溫而理, 知遠之近, 知風之自,
군자지도 담이불염 간이문 온이리 지원지근 지풍지자

知微之顯, 可與入德矣.
지미지현 가여입덕의

6-2.
깊은 물에 잠겨 있으나
오히려 밝게 빛난다

『시경』에서 노래했다.

"깊이 물에 잠겨 있으나 오히려 밝게 빛난다."

군자는 자신을 성찰하여 잘못됨이 없어야 한다. 마음의 부끄러움이 없어야 하기 때문이다. 군자는 오직 다른 사람이 보지 못하는 자신의 내면에서 부족한 점이 생기니, 항상 홀로 있을 때 자신을 삼간다.

詩云 "潛雖伏矣, 亦孔之昭!". 故君子內省不疚, 無惡於志.
시 운 잠 수 복 의 역 공 지 소 고 군 자 내 성 불 구 무 오 어 지

君子之所不可及者, 其唯人之所不見乎.
군 자 지 소 불 가 급 자 기 유 인 지 소 불 견 호

6-3.
방귀퉁이에도 부끄러움이 없구나

『시경』에서 노래했다.

"네가 홀로 방안에 있을 때를 보니, 방귀퉁이에도 부끄러움이 없구나."

군자는 움직이지 않아도 공경을 받고, 말하지 않아도 사람들이 믿고 따른다.

詩云 "相在爾室, 尙不愧于屋漏".
시 운 상 재 이 실 상 불 괴 우 옥 루

故君子不動而敬, 不言而信.
고 군 자 부 동 이 경 불 언 이 신

6-4.
다투는 사람이 없구나

『시경』에서 노래했다.

"조상신 앞에 나아갔을 때는 말이 없어도, 다투는 사람이 없구나."

군자가 상을 내리지 않아도 백성들이 힘써 따른다. 군자가 노하지 않아도 백성들은 작두와 도끼를 쓰는 형벌보다 더 두려워한다.

詩曰 "奏假無言, 時靡有爭".
시 왈 주 격 무 언 시 미 유 쟁

是故君子不賞而民勸, 不怒而民威於鈇鉞.
시 고 군 자 불 상 이 민 권 불 노 이 민 위 어 부 월

6-5.
드러나지 않는 덕

『시경』에서 노래했다.

"드러나지 않는 덕을 여러 제후들이 본받는구나."

그러므로 군자가 공손함을 돈독하게 하면 천하가 안정된다.

詩曰 "不顯惟德! 百辟其刑之". 是故君子篤恭而天下平.
시 운 불 현 유 덕 백 벽 기 형 지 시 고 군 자 독 공 이 천 하 평

6-6.
하늘의 일은 소리도 없고 냄새도 없다

『시경』에서 노래했다.

"내가 밝은 덕을 지녀, 큰 목소리와 엄한 얼굴빛을 쓰지 않는다."

공자가 이 시를 읽고 말했다.

"큰 목소리와 엄한 얼굴빛으로 백성을 교화시키는 것은 말단의 일이다. 『시경』에서 '덕은 터럭처럼 가볍다'라고 했다. 그러나 터럭은 여전히 보이는 비교 대상이 있다. 『시경』에서 '하늘의 일은 소리도 없고 냄새도 없다'無聲無臭라고 했으니 참으로 지극한 것이다."

詩云 "予懷明德, 不大聲以色".
시 운 여 회 명 덕 부 대 성 이 색

子曰 "聲色之於以化民, 末也.
자 왈 성 색 지 어 이 화 민 말 야

詩云 '德輶如毛', 毛猶有倫.
시 운 덕 유 여 모 모 유 유 륜

'上天之載, 無聲無臭', 至矣!".
상 천 지 재 무 성 무 취 지 의

호모 쿵푸스의 실전편!
낭송으로 몸과 마음 살리기 프로젝트,
낭송Q시리즈!

낭송을 위한 준비 운동!

낭송의 달인 호모 큐라스

고미숙 | 208쪽 | 9,900원

고전평론가 고미숙의 낭송Q시리즈의 안내서.

'낭송'이 어떻게 '큐라스', 즉 '자기배려'가 되어 궁극적으로 우리의 몸과 마음을 자유롭게 하는 양생이자 수행이 될 수 있는지 설득력 있게 제시하는 책.

낭송Q시리즈 동양고전 공부의 첫걸음 샛별편

낭송 천자문/추구 (주흥사 지음 | 민태연 풀어 읽음 | 10,500원)

낭송 명심보감 (범입본 지음 | 이수민 풀어 읽음 | 10,500원)

낭송 격몽요결 (이이 지음 | 김해숙 풀어 읽음 | 10,500원)

낭송Q시리즈 봄의 파릇함이 담긴 동청룡편

낭송 춘향전 (길진숙, 이기원 풀어 읽음 | 208쪽 | 9,900원)

낭송 논어/맹자 (공자, 맹자 지음 | 류시성 풀어 읽음 | 224쪽 | 9,900원)

낭송 아함경 (최태람 풀어 읽음 | 208쪽 | 9,900원)

낭송 열자 (열자 지음 | 홍숙연 풀어 읽음 | 176쪽 | 9,900원)

낭송 열하일기 (박지원 지음 | 길진숙 풀어 읽음 | 240쪽 | 9,900원)

낭송 전습록 (왕양명 지음 | 문성환 풀어 읽음 | 208쪽 | 9,900원)

낭송 동의보감 내경편 (허준 지음 | 임경아, 이민정 풀어 읽음 | 256쪽 | 9,900원)

낭송Q시리즈 여름의 열정이 담긴 남주작편

낭송 변강쇠가/적벽가 (이현진, 최정옥 풀어 읽음 | 224쪽 | 9,900원)
낭송 금강경 외 (신근영 풀어 읽음 | 224쪽 | 9,900원)
낭송 삼국지 (나관중, 모종강 지음 | 최정옥 풀어 읽음 | 208쪽 | 9,900원)
낭송 장자 (장자 지음 | 이희경 풀어 읽음 | 256쪽 | 9,900원)
낭송 주자어류 (주희 지음 | 이영희 풀어 읽음 | 176쪽 | 9,900원)
낭송 홍루몽 (조설근 지음 | 윤은영 풀어 읽음 | 192쪽 | 9,900원)
낭송 동의보감 외형편 (허준 지음 | 류시성, 송혜경 풀어 읽음 | 288쪽 | 9,900원)

낭송Q시리즈 가을의 결실이 담긴 서백호편

낭송 흥보전 (구윤숙 풀어 읽음 | 176쪽 | 9,900원)
낭송 서유기 (오승은 지음 | 최정옥 풀어 읽음 | 240쪽 | 9,900원)
낭송 선어록 (문성환 풀어 읽음 | 192쪽 | 9,900원)
낭송 손자병법/오자병법 (손무, 오기 지음 | 손영달 풀어 읽음 | 176쪽 | 9,900원)
낭송 이옥 (이옥 지음 | 채운 풀어 읽음 | 192쪽 | 9,900원)
낭송 한비자 (한비 지음 | 구윤숙 풀어 읽음 | 192쪽 | 9,900원)
낭송 동의보감 잡병편(1) (허준 지음 | 박장금, 이영희, 이현진 풀어 읽음 | 208쪽 | 9,900원)

낭송Q시리즈 겨울의 지혜가 담긴 북현무편

낭송 토끼전/심청전 (구윤숙, 손영달 풀어 읽음 | 176쪽 | 9,900원)
낭송 대승기신론 (마명 지음 | 김혜영 풀어 읽음 | 208쪽 | 9,900원)
낭송 도덕경/계사전 (노자, 공자 지음 | 손영달 풀어 읽음 | 192쪽 | 9,900원)
낭송 동의수세보원 (이제마 지음 | 박장금 풀어 읽음 | 176쪽 | 9,900원)
낭송 사기열전 (사마천 지음 | 나은영 풀어 읽음 | 208쪽 | 9,900원)
낭송 18세기 소품문 (이용휴 외 지음 | 길진숙, 오창희 풀어 읽음 | 272쪽 | 9,900원)
낭송 동의보감 잡병편(2) (허준 지음 | 박장금, 이영희, 이현진 풀어 읽음 | 288쪽 | 9,900원)

낭송Q시리즈 원문으로 읽는 디딤돌편

낭송 대학/중용 (증자, 자사 지음 | 김벼리 풀어 읽음 | 176쪽 | 10,500원)

※ **낭송Q시리즈 중 큰글자본으로 만나볼 수 있는 책** : 낭송 논어/맹자, 낭송 동의보감 내경편, 낭송 장자, 낭송 동의보감 외형편, 낭송 선어록, 낭송 손자병법/오자병법, 낭송 사기열전, 낭송 18세기 소품문

※ 낭송Q시리즈는 각 인터넷서점과 리디북스에서 **전자책으로도 판매하고 있습니다.**